SERGIO FERNÁNDEZ

MI COCINA ECONÓMICA

COMER BIEN POR MUY POCO

SERGIO FERNÁNDEZ

MI COCINA ECONÓMICA

COMER BIEN POR MUY POCO

RBA

MI COCINA ECONÓMICA. COMER BIEN POR MUY POCO

Recetas: Selección Sergio Fernández / Redacción Carmen Grasa
Diseño de cubierta: Montse Jiménez
Foto de cubierta: Alfredo Garófano
Diseño y maquetación: Tana Latorre
Fotos: Archivo RBA, Shutterstock

Depósito Legal: B-18642-2014
ISBN: 9788490563830
Impreso en España por Rotäbook
Printed in Spain

PLATOS ÚNICOS PARA COMER BIEN

Recetas

POSTRES SENCILLOS PARA DISFRUTAR

Recetas

En la sencillez está el gusto

Estimado lector,
nuevamente me permito el lujo y el honor de entrar en tu hogar, en tu cocina, para compartir, disfrutar y, por supuesto, degustar platos exquisitos y saludables. Me sucede muy a menudo que, tanto en eventos culinarios, como en acontecimientos gastronómicos o en talleres de cocina, **cuando uno más disfruta es cuando la normalidad viste la mesa.** Y de esa normalidad disfrutaremos en esta nueva obra, 'Mi cocina económica. Comer bien por muy poco', en la que te ofrezco en cada página la conjugación de dos factores estrella en la cocina: **la sencillez y la originalidad.**
La primera clave, la sencillez, está directamente ligada a la economía: se basa en sacarle partido a los alimentos de andar por casa, **esos ingredientes básicos, populares, económicos y sanos** –como la patata, el huevo, el ajo o el perejil–, que son la carta de presentación de 'Mi cocina económica. Comer bien por muy poco'.
Nuestra segunda llave maestra, la originalidad, nos ofrece vías para cocinar de formas diversas los alimentos básicos, **dándoles un toque diferente durante o al finalizar su elaboración,** sin olvidar nunca la sencillez, el elemento que hará especial cada propuesta servida. No hay más que ver las fantásticas fotos que muestran el resultado de los platos cocinados en 'Mi cocina económica. Comer bien por muy poco'. Así, una sopa castellana puede convertirse, tras su triturado, en una crema castellana. Y si introducimos la crema en un sifón con algo de nata, obtendremos una espuma castellana. De un modo tan sencillo, conseguiremos **mantener su sabor al mismo tiempo que aportaremos textura** y presentación. Si todo esto se logra seleccionando los alimentos más económicos del mercado, reinventando lo inventado, tendremos **un resultado 10,** como el recetario que te ofrezco: auténticas y económicas sensaciones para el paladar. ¡Buen provecho!

Sergio Fernández Luque

Una cocina económica y apetitosa

Un calendario a mano, una excelente conservación de los alimentos y una buena planificación de los menús y las compras serán nuestros grandes aliados a la hora de cocinar platos muy sabrosos sin gastar ni un euro de más en la cocina.

Una cocina económica que no desequilibre nuestro presupuesto doméstico no es sinónimo ni de aburrimiento ni de baja calidad. Muy al contrario. Podemos sacar partido a los alimentos más básicos de la forma más sencilla y elaborar recetas variadas y equilibradas para comer bien por poco dinero. Te ofrecemos, además de un recetario muy completo y eficaces trucos de cocina, las claves para que tus comidas sean un lujo al alcance de cualquier bolsillo.

ALIMENTOS DE TEMPORADA, LA CLAVE

Cuando vamos al mercado, la oferta es inmensa. Nos hemos acostumbrado a tener de todo en cualquier estación del año, incluso alimentos exóticos que provienen de otros países. Podemos comer melones en diciembre, pimientos en febrero o berenjenas en marzo. Sin embargo, sus precios son más caros y su calidad no es la misma que en las épocas en las que su producción es mayor y natural. Los alimentos de temporada, recolectados cuando se ha completado su ciclo natural, nos ofrecen todos sus nutrientes a un precio excelente. Acostumbrarnos a comprarlos en ese momento nos permitirá no solo ahorrar, sino también alimentarnos mucho mejor.

- **Más ricos y nutritivos.** Cuando los alimentos siguen su ciclo natural, el clima y la tierra en la que están cultivados son los más adecuados. Por eso son más nutritivos y saben y huelen mucho mejor: mantienen intactas sus propiedades. Además, no precisan de técnicas que potencien su desarrollo o el cultivo intensivo, ni agotan los recursos del suelo, con lo que, al mismo tiempo, son más ecológicos.
- **Más baratos.** Los alimentos de temporada son siempre más baratos, porque su producción es mayor. Al aumentar la oferta, siempre disminuye el precio. Del mismo modo, si nos decidimos a comprarlos de proximidad aún redondearemos más el precio. Los productos que se cultivan cerca de nuestras zonas

Sabías que...

La fecha de caducidad de un alimento indica que no se debe consumir después: puede haber riesgo de intoxicación. La de consumo preferente, que pierde parte de sus propiedades, aunque sin riesgo microbiológico.

de residencia eliminan algunos costes como el transporte, el almacenaje y la conservación, por ejemplo, abaratando el precio final. Así, adquirir productos de temporada y de proximidad nos ayudará a mejorar nuestra salud y nuestra economía doméstica.

ACERTAR CON LA COMPRA Y PLANIFICAR EL MENÚ DE LA SEMANA

Los países occidentales son los que más comida tiran a la basura. ¿El motivo? Compramos más de lo que necesitamos o no planificamos bien los menús que elaboraremos durante la semana. Tirar productos frescos porque se nos estropean en la nevera puede evitarse si dedicamos unos minutos a pensar qué comeremos y cómo. Eso nos ayudará, también, a ser más eficientes a la hora de llenar el carro de la compra.

• **Cuando vamos al mercado.** El fin de semana, que es cuando disponemos de más tiempo, es un buen momento para planificar las comidas y las cenas de la semana siguiente. Con el calendario de productos de temporada en la mano, podemos elegir aquellos con los que elaborar los platos, fijándonos especialmente en su período óptimo de conservación. También es importantísimo elegir los productos bien frescos. Si compramos, por ejemplo, espinacas en noviembre, es fundamental que sus hojas estén verdes y brillantes, que no sean ásperas y que no tengan manchas, porque eso nos indica que han padecido algún tipo de enfermedad. Después, como el resto de verduras de hoja verde, es mejor cocinarlas y comerlas lo antes posible para que no se marchiten. Si no, les damos un hervor y las podemos conservar en el congelador.

• **Comidas y cenas previstas.** Planificar el menú semanal es una buena táctica para sacarle partido a los alimentos y evitar que se nos estropeen. Consume antes los más perecederos y guarda para el final los que se conservan más tiempo. También puedes comprar el mismo día aquellos que conviene no guardar más de un día o dos en la nevera y pedir que te envasen al vacío los que desees cocinar a finales de semana. Con estas sencillas ideas y un poco de previsión podrás, además, elaborar menús mucho más equilibrados para todos los días.

Cómo guardar los pescados y las carnes

Productos tan perecederos como carnes y pescados deben conservarse en condiciones para evitar que los desperdiciemos.

Los pescados. Se mantienen entre dos o tres días en la nevera a una temperatura entre 0°C y 2°C. También podemos guardarlos en un bol con hielo para conservar su temperatura ideal. Antes de meterlos en la nevera o el congelador, o de envasarlos al vacío, han de estar limpios.

Las carnes. Han de guardarse en la parte más fría de la nevera en recipientes limpios y bien cerrados. La cruda se conserva unos tres días, igual que la cocinada. La picada, no más de uno o dos, por su mayor grado de manipulación.

APROVECHAR BIEN LAS SOBRAS

De poco nos servirán los esfuerzos a la hora de comprar y cocinar si luego no aprovechamos las sobras. Hacerlo no significa comer lo mismo durante dos o tres días, sino reinventarlas para sacarles todo el partido posible. Si cocinamos una sopa de pescado, podemos desmigar los pescados y utilizarlos para hacer empanadillas. Picar los restos de las carnes de un cocido o de un estofado nos irá de maravilla para obtener unas deliciosas croquetas al estilo de nuestras abuelas, o una lasaña.

• **Los grandes aliados.** Emplear presentaciones y técnicas diversas es fundamental para que las sobras se conviertan en un plato apetitoso. Convertir las verduras del caldo en una crema, o los restos de

Sabías que...

Para hacer conservas caseras de productos de temporada nuestra higiene y la de los utensilios ha de ser máxima. Hierve los botes de cristal 20 minutos y escúrrelos sin tocar el interior. Introduce el alimento, cierra y sella al baño María.

un pescado con hortalizas en albóndigas, da como resultado platos excelentes por cero euros. Si, además, nos aliamos con buenos condimentos, el resultado es superior. Unas judías verdes con patata rehogadas con pimentón tienen otro sabor, igual que si la regamos con una vinagreta de albahaca.

CONSERVAR LOS ALIMENTOS

Guardar bien los alimentos es fundamental y te damos algunos trucos. Las cremas y purés se conservan, tapados, dos días en la nevera. También puedes congelarlos, siempre fríos y sin aliños ni productos lácteos. No laves las verduras y hortalizas antes de meterlas en la nevera. Coloca las de hoja verde en bolsas de plástico para conservar su humedad, igual que otras como la judía verde. A las que tengan raíces (nabos o zanahorias, por ejemplo) es mejor cortarles las hojas y guardarlas en bolsas agujereadas. Los pimientos, en papel; y las patatas, en sitios frescos y secos. Las legumbres secas se conservan en botes herméticos con un ajo dentro para que no acudan los insectos. Cocidas, puedes congelarlas. Guarda la pasta hervida, escurrida y con un poco de aceite, en la nevera, pero no la congeles, porque se reblandece.

Primeros platos para triunfar

Un entrante de lujo no tiene que ser caro ni exagerado. Tampoco aburrido. Solo hace falta un poco de ingenio, una buena planificación del menú y cocinar los alimentos de temporada con la técnica que mejor partido les saque

Los primeros platos son fundamentales en nuestra dieta y si están elaborados con productos de temporada no solo serán mucho más sabrosos, sino también más económicos, porque los alimentos nos ofrecen todas sus propiedades a muy buen precio. Antes de plantearte qué harás de primero, piensa en el plato principal de la comida o la cena, porque es importante que los primeros se adecúen a él para evitar que su combinación nos haga sentir demasiado pesados por la tarde o al irnos a la cama.

PARA LA COMIDA Y LA CENA

No es lo mismo la comida que la cena. La primera nos permite consumir más energía para poder estar en plena forma durante toda la tarde. Por eso, a mediodía son ideales los primeros platos a base de legumbres, de arroz o de pasta. También las ensaladas completas, las hortalizas y las verduras serán un complemento perfecto del plato principal. A la hora de comer, además, nos podemos permitir el lujo de emplear salsas, condimentos y aliños un poco más intensos.
En cambio, por la noche es mucho mejor cenar suave para facilitar la digestión y dormir bien. De este modo, las cremas de verduras, las sopas y los caldos, serán nuestras grandes aliadas a la hora de completar el menú con un primer plato ligero y nutritivo.

- **Con un toque especial.** Para evitar que nuestros primeros platos sean siempre igual, contamos con poderosas herramientas. Las especias, los frutos secos, las hierbas aromáticas, las vinagretas y las salsas, les darán un toque especial, haciendo más intenso su sabor y convirtiéndolos en platos muy apetitosos. Además, si los elaboramos de modos diversos (pasteles, rollos, empanadillas, etc.), la presentación será mucho más atractiva y podremos, también, aprovechar bien lo que nos sobre: si hemos hecho demasiada verdura, siempre es posible cocinar un riquísimo pastel con ellas al día siguiente.

Sabías que...

Para las personas que precisen un mayor aporte de energía es bueno que el primer plato presente una proporción más alta de cereales que de verduras. Y es recomendable que no contenga demasiadas grasas.

La receta

Ensalada campera **con atún**

Lava los pimientos, sécalos y ásalos 30 minutos aproximadamente en el horno precalentado a 180°C. Luego, sácalos del horno, cúbrelos con un paño de cocina y déjalos enfriar. Pélalos y córtalos en tiras. Lava bien las patatas y cuécelas con piel en una olla con agua salada durante 20 minutos más o menos. Después, escúrrelas y, cuando estén tibias, pélalas y córtalas en rodajas.

Cuece los huevos durante unos 10 minutos desde que arranque a hervir el agua. Sumérgelos seguidamente en agua fría, pélalos y córtalos en cuartos. Limpia la cebolla y córtala en juliana. Escurre el atún para quitar el exceso de aceite y reserva. Haz lo mismo con las alcaparras y las olivas, para eliminar el líquido de conservación.

Vierte el aceite en un cuenco y bate con el vinagre, sal y pimienta hasta que se mezcle todo bien. Para finalizar, coloca todos los ingredientes en una ensaladera y aliña la ensalada con la vinagreta.

INGREDIENTES

- 150 g de atún o bonito en aceite
- 2 huevos
- 100 g de patatas
- 2 pimientos rojos
- 1/2 cebolla pequeña
- 12 aceitunas verdes sin hueso
- 1 cucharada de alcaparras
- 3 cucharadas de aceite de oliva suave
- 1 cucharada de vinagre de Jerez
- Sal y pimienta

Tiempo: 45 minutos
Raciones: 4
Dificultad: Baja

El truco

Esta receta se puede enriquecer añadiéndole unas tiras de pimiento verde y unos pepinillos en vinagre. También puedes sustituir la vinagreta por una mayonesa ligera.

La receta

Garbanzos guisados **con verduras**

Pela la cebolla y los ajos, pícalos y sofríelos a fuego bajo en una cazuela con unas gotas de aceite sin que lleguen a dorarse. Lava después los pimientos, retirando las semillas y la parte blanca del interior, y córtalos en cuadraditos.

Añádelos al sofrito y rehoga unos 5 minutos aproximadamente. Abre el tomate por la mitad, rállalo e incorpora a la cazuela el puré obtenido. Pasados unos 10 minutos, agrega los garbanzos, enjuagados y escurridos del líquido de conservación. Salpimienta y saltea alrededor de 2 minutos más.

Separa el brécol en ramitos, lávalos y escáldalos en agua salada durante unos segundos. Añádelos a la cazuela, remueve, espolvorea con el pimentón y riega con un poco de caldo de verduras. Prosigue la cocción 2 minutos y sirve caliente.

INGREDIENTES

- 400 g de garbanzos cocidos
- 1 cebolla
- 2 dientes de ajo
- 1 pimiento verde italiano
- 1/4 de brécol
- 1/2 pimiento rojo
- 2 tomates maduros
- 300 ml de caldo de verduras
- 1/2 cucharadita de pimentón
- Aceite de oliva
- Sal
- Pimienta

Tiempo: 25 minutos
Raciones: 4
Dificultad: Baja

El truco

Para que el brécol, o cualquier otra verdura verde, adquiera un tono más intenso, solo tienes que refrescarlo inmediatamente en agua helada después de hervirlo.

La receta

Sopa de pollo **y pistachos**

Trocea el pollo, lávalo bien y sécalo. Limpia, lava y pela la cebolla, la zanahoria, el puerro, el apio y el nabo. Lava la calabaza, pero conserva su piel. A continuación, trocéalo todo.

Aplasta el ajo con piel con la ayuda de un cuchillo. En una olla de buen tamaño, coloca el pollo troceado y todas las verduras. Añade también los granos de pimienta negra y el atadillo de hierbas. Cubre bien con agua.

Deja cocer el caldo, a fuego suave, durante unas 2 horas aproximadamente, removiendo de vez en cuando. Mientras tanto, pela los pistachos y pícalos bien finos. Luego, cuela el caldo de pollo y rectifica el punto de sal. Lava y seca las hierbas aromáticas y sirve el caldo con los pistachos picados y las hierbas.

INGREDIENTES

- 1 pollo entero
- 2 cebollas
- 1 puerro
- 3 zanahorias
- 5 dientes de ajo
- 3 ramitas de apio
- 1 nabo
- 1 trozo de calabaza
- 25 g de pistachos pelados
- 1 atadillo de hierbas
- 1 cdta. de granos de pimienta negra
- Hierbas aromáticas frescas
- Sal

Tiempo: 150 minutos
Raciones: 4-6
Dificultad: Baja

El truco

Es importante que durante la cocción vayas retirando la espuma que se forma en la superficie del caldo. De este modo, irás eliminado todas sus impurezas.

La receta

Tallarines salteados **con nueces**

Cuece la pasta en una olla con abundante agua salada hirviendo y un poco de aceite. Deja al fuego durante 8 minutos aproximadamente, o siguiendo el tiempo de cocción que marca el fabricante, hasta que la pasta esté 'al dente'.

Escurre la pasta y enfríala bajo un buen chorro de agua fría. Reserva añadiendo un poco de aceite de oliva para que la pasta no se pegue y se apelmace. Luego, dora el ajo, pelado y laminado, en una sartén con un poquito de aceite y añade las nueces cascadas. Agrega a continuación los tallarines

Saltea los tallarines durante 2 o 3 minutos, removiendo continuamente. Retíralos del fuego y espolvoréalos con un poco de perejil, lavado y picado, y una pizca de pimienta blanca. Para finalizar, rectifica de sal y sírvelos calientes.

INGREDIENTES

- 300 g de tallarines
- 16 nueces peladas
- 1 diente de ajo
- Unas ramitas de perejil
- 6 cucharadas de aceite de oliva
- Sal y pimienta blanca

Tiempo: 20 minutos
Raciones: 4
Dificultad: Baja

El truco

Es importante que saltees los tallarines durante pocos minutos para que mantengan así su textura 'al dente' y no lleguen a tostarse, quedando un poco duros.

La receta

Arroz con calabacín, zanahoria y puerro

Lava el calabacín y despúntalo. Raspa las zanahorias y lávalas. Seca ambos y rállalos con un rallador de agujeros gruesos. Después, limpia el puerro, lávalo bajo el chorro de agua del grifo eliminando toda la tierra que pueda tener, sécalo y pícalo. Pela también los dientes de ajo y pícalos.

Rehoga el puerro durante 8 minutos aproximadamente en una cazuela con un hilo de aceite. Añade luego el ajo picado y la zanahoria y el calabacín rallados. Prosigue la cocción alrededor de 5 minutos. A continuación, incorpora el arroz y remueve.

Vierte el caldo muy caliente, salpimienta y cuece unos 10 minutos a fuego medio. Pasado ese tiempo, baja la intensidad del fuego, añade el queso y el tomillo, lavado y picado, y cuece 7 minutos más. Deja reposar un par de minutos y sirve.

INGREDIENTES

- 4 tacitas de arroz
- 1 calabacín
- 2 zanahorias
- 1 puerro
- 2 dientes de ajo
- 3 cucharadas de queso rallado
- 1 ramita de tomillo
- 8 tacitas de caldo de verduras
- Aceite de oliva
- Pimienta
- Sal

Tiempo: 35 minutos
Raciones: 4
Dificultad: Baja

El truco

Para que el plato no te quede caldoso, es mejor quedarse corto al principio e ir añadiendo caldo, siempre bien caliente para que no se detenga la cocción del arroz.

La receta

Crema de verduras **con caldo de ave**

Pela los nabos y las chirivías. Raspa las zanahorias y limpia el apio. Lava todas las verduras junto con la carcasa de pollo y el perejil. Introduce todo en la olla rápida, sazona y cubre con 2 litros de agua. Lleva a ebullición y deja cocer 20 minutos, hasta que el caldo reduzca una tercera parte. Déjalo enfriar y desgrásalo.

Retira las verduras del caldo y, a continuación, ponlas en el vaso de la batidora y tritúralas, añadiendo caldo de cocción poco a poco hasta conseguir una consistencia que no sea muy espesa.

Vierte la crema en una cacerola y caliéntala. Después, repártela en cuatro platos hondos y sírvela espolvoreada con un poco de pimienta, un chorrito de aceite de oliva y con los daditos de pan tostado a modo de picatostes.

INGREDIENTES

- 1/2 carcasa de pollo
- 4 zanahorias
- 1 ramita de apio
- 2 nabos
- 2 chirivías
- 1 ramita de perejil
- Unos daditos de pan tostado
- Sal y pimienta

Tiempo: 30 minutos
Raciones: 4
Dificultad: Baja

El truco

Puedes congelar la crema que te sobre, pero recuerda no añadirle lácteos. Cuando se descongele, siempre en la nevera, tritúrala de nuevo para que recupere su textura.

La receta

Patatas en salsa verde **y huevo duro**

Cuece los huevos en agua con sal 10 minutos desde que arranque el primer hervor. A continuación, refréscalos con agua fría, pélalos y lávalos. Pela las patatas, lávalas y trocéalas en rodajas gruesas. Pela la cebolla y pícala.

Pela los ajos y sofríelos en una cazuela con el aceite hasta que empiecen a tomar color. Retíralos y resérvalos. Añade luego la cebolla y rehógala hasta que veas que está blandita y transparente. Incorpora después las patatas cortadas a rodajas y la cucharada de harina, salpimienta y cubre todo con agua caliente.

Deja cocer durante 15 minutos aproximadamente. Mientras tanto, prepara un majado con los ajos que habías reservado y el perejil lavado y picado. Deslíelo con un poco del caldo de cocción, añádelo a la cazuela y cuece 5 minutos más. Sirve las patatas bien calientes, con su salsa y el huevo duro picado por encima.

INGREDIENTES

- 800 g de patatas
- 1 cebolla
- 2 dientes de ajo
- 1 cucharada de harina
- 2 huevos
- 1 ramita de perejil
- 3 cucharadas de aceite de oliva
- Pimienta
- Sal

Tiempo: 40 minutos
Raciones: 4
Dificultad: Baja

El truco

Si lo deseas, también puedes completar este plato añadiéndole, por ejemplo, unas chirlas, unas rodajas de pescadilla o unas puntas de espárrago.

La receta

Caracolas rellenas **de hortalizas**

Pela la cebolla y córtala en daditos. Limpia el puerro, retirando la primera capa, raíces y tallo verde, y pica la parte blanca bien fina. Lava el resto de verduras y córtalas, también, en daditos.

Pela el ajo y pícalo fino. Lava el eneldo, sécalo y pícalo. Calienta una sartén con un poco de aceite, pocha la cebolla a fuego suave 5 minutos, añade el ajo y sofríe 1 minuto. Agrega el puerro, el pimiento, las zanahorias y el calabacín y sofríe a fuego suave 10 minutos. Vierte la mitad de la leche evaporada y espolvorea con un poco de eneldo picado. Sala y cuece 5 minutos más. Retira y reserva.

Dispón el resto de leche en un cazo con sal, pimienta rosa y eneldo y deja reducir 5 minutos a fuego suave. Hierve las caracolas 10 minutos en abundante agua salada. Cuela y rellena con las verduritas. Sirve cuatro o cinco caracolas por plato y acompaña con un poco de salsa de pimienta rosa y eneldo.

INGREDIENTES

- 16 caracolas gigantes
- 1 cebolla
- 1 puerro
- 1 calabacín
- 2 zanahorias
- 1 pimiento verde
- 1 diente de ajo
- 300 ml de leche evaporada
- 2 cucharadas de aceite de oliva
- Sal y pimienta rosa
- Eneldo

Tiempo: 35 minutos
Raciones: 4
Dificultad: Baja

El truco

Esta receta también puede finalizarse al horno. Cuando tengas las caracolas rellenas, cúbrelas con la salsa y gratínalas. Puedes espolvorear un poco de queso rallado.

La receta

Acelgas con **sabor andaluz**

Pela las patatas, lávalas y córtalas en láminas. Cocínalas a fuego lento en una sartén junto con la cebolla, limpia y picada, en abundante aceite de oliva durante unos 15 minutos aproximadamente. Después, deja que la patata y la cebolla se escurran en un colador para eliminar así el exceso de aceite.

Lava las acelgas bajo el agua del grifo, eliminando bien la tierra que puedan tener, trocéalas y cuécelas en agua hirviendo durante 15 minutos más o menos. Cuando estén hechas, escúrrelas bien y mézclalas con las patatas.

Prepara un refrito con los ajos y el pimentón dulce en una sartén con tres cucharadas de aceite de oliva. Añádelo después a las acelgas. A continuación, disponlas en una cazuela de barro y vierte encima los dos huevos batidos. Cuece al horno, precalentado a 200 °C. Retira cuando los huevos estén cuajados y sirve enseguida.

INGREDIENTES

- 1 manojo de acelgas
- 1 cebolla
- 2 dientes de ajo
- 2 patatas
- 2 huevos
- 1 cucharadita de pimentón dulce
- Aceite de oliva

Tiempo: 55 minutos
Raciones: 4
Dificultad: Baja

El truco

Para elaborar este plato de acelgas con patata, puedes sustituir el pimentón dulce por pimentón picante. De este modo, lograrás un sabor mucho más intenso.

La receta

Ensalada de pasta, **verdura y queso**

Cuece la pasta en agua con sal, según indiquen las instrucciones del fabricante. Luego, enfríala bajo el chorro de agua fría y déjala escurrir en un lavaverduras.

Lava el pepino, elimina los extremos, córtalo en rodajas muy finas y, después, pártelas por la mitad. Lava y seca el pimiento. Retira las semillas y la parte blanca del interior y córtalo en bastoncitos. Lava y seca, también, los berros y los tomates. Corta estos últimos en gajos. Retira el suero del queso y córtalo en daditos. Pela la cebolla y córtala en juliana fina.

Mezcla la pasta con las hortalizas. Incorpora el queso y las hojitas de berro. Aliña la ensalada con sal, pimienta, el zumo del limón y el aceite. Remueve con dos cucharas y sirve.

INGREDIENTES

- 220 g de pasta corta
- 120 g de queso fresco bajo en grasa
- 200 g de tomates cereza
- 1/2 pimiento rojo
- 1 pepino
- 1 limón
- 1/2 cebolla roja
- 20 g de berros
- Sal
- Pimienta
- 2 cucharadas de aceite de oliva

Tiempo: 30 minutos
Raciones: 4
Dificultad: Baja

El truco

Si quieres obtener una ensalada con un sabor mucho más suave, solo tienes que pelar el pepino, total o parcialmente, y eliminar las semillas de su interior.

La receta

Sopa de pescadilla **al estilo gaditano**

Limpia las pescadillas desechando la cabeza y las vísceras y córtalas en trozos grandes, más o menos de unos 6 o 7 cm de grosor. Sálalos ligeramente y deja que reposen en la nevera 30 minutos.

Pela los dientes de ajo. Pela, también, la cebolla y pícala finamente. Lava una de las naranjas y ralla su piel. Escalda la ralladura durante unos segundos. Luego, pasa por agua fría y reserva. Exprime las dos naranjas y pasa el zumo por el colador. Reserva.

Calienta el aceite en una cazuela de barro y rehoga los ajos enteros a fuego muy lento hasta que empiecen a tomar color. Retíralos y añade la cebolla. Rehógala a fuego muy lento hasta que empiece a dorar, removiendo continuamente con una cuchara de madera.

Cubre la cebolla con el agua, lleva a ebullición y baja el fuego. Tapa y cuece a fuego lento unos 25 minutos o hasta que la cebolla esté casi deshecha. Agrega el pescado, rectifica de sal y cuece 10 minutos más. Incorpora, justo en el momento de servir los platos, la ralladura de naranja reservada y unas cucharadas de zumo al gusto.

INGREDIENTES

- 750 g de pescadillas
- 1 cebolla
- 2 dientes de ajo
- 2 naranjas
- 1,5 l de agua
- 4 cucharadas de aceite de oliva
- Sal

Tiempo: 45 minutos
Raciones: 4
Dificultad: Baja

El truco

Puedes prescindir de las naranjas, tanto del zumo como de la ralladura, y elaborar el plato, conocido como 'caldillo de perro gaditano', con pescadilla, cebolla y ajos.

La receta

Empanadillas de **espinacas y requesón**

Limpia las espinacas, lávalas y cuécelas al vapor durante 2 minutos. Si son congeladas, hiérvelas hasta que se descongelen. Escúrrelas bien y pícalas. A continuación, bate el huevo y agrega las espinacas, el requesón, las pasas y los piñones. Condimenta con sal, pimienta y con una pizca de nuez moscada.

Dispón las obleas sobre la superficie de trabajo y reparte encima la mezcla anterior: colócala a un lado y deja libres los bordes. Humedécelos con un poco de agua, dobla las obleas y presiona con los dedos o las púas de un tenedor para sellarlas.

Coloca las empanadillas sobre la placa de horno forrada con papel sulfurizado. A continuación, cocínalas entre 15 y 20 minutos, o hasta que veas que están doraditas, en el horno precalentado a 180°C. Sírvelas calientes.

INGREDIENTES

- 12 obleas para empanadillas
- 400 g de espinacas frescas o congeladas
- 1 huevo
- 50 g de requesón
- 30 g de piñones pelados
- 30 g de pasas de Corinto
- 1 pizca de nuez moscada
- Sal
- Pimienta

Tiempo: 30 minutos
Raciones: 4
Dificultad: Baja

El truco

Para darle un toque diferente, agrega al relleno un puerro limpio, lavado y cortado en juliana fina. Sofríelo antes en un hilo de aceite durante unos 5 minutos más o menos.

La receta

Pastel de alcachofas, **judías y zanahorias**

Lava las judías verdes y elimina las puntas. Pela y lava, también, las zanahorias. Limpia de hojas las alcachofas, dejando solo el corazón y cortándole las puntas. Cuece todo alrededor de 20 minutos en 1 litro de agua, agregando la mitad del perejil, lavado y picado, y medio limón, también limpio. Después, reserva las alcachofas en el agua y retira y enfría tanto las judías como las zanahorias.

Unta un molde con aceite. Hierve la leche con la piel lavada de la otra mitad del limón. Cuando hierva, retira la piel y agrega los huevos batidos con sal. Reserva. Escurre bien las alcachofas y colócalas en el molde. Vierte la mezcla de leche y sal sobre ellas y reparte el resto de hortalizas. Cuece, al baño María, 40 minutos.

Cuando el pastel esté frío, desmóldalo, unta toda la superficie con las cuatro cucharadas de mayonesa y espolvorea con el orégano y el resto del perejil, lavados, secos y picados.

INGREDIENTES

- 4 alcachofas
- Sal
- 100 g de judías verdes
- 4 zanahorias finas y largas
- 4 huevos
- Orégano
- 1 vaso de leche
- Aceite de oliva
- 1 limón
- 4 cucharadas de mayonesa
- 1 ramita de perejil

Tiempo: 45 minutos
Raciones: 4-6
Dificultad: Media

El truco

Si prefieres que el sabor de este pastel de verduras sea un poco más intenso, solo tienes que añadir un poco de mostaza a la mayonesa para conseguirlo.

La receta

Pimientos asados **rellenos de queso**

Pela las almendras tostadas y trocéalas. Reserva algunas para decorar y mezcla el resto con el queso para untar y un pellizco de la sal y la pimienta. Después, pásalo todo por la batidora hasta que obtengas una mezcla de textura cremosa.

Lava el perejil, sécalo bien con papel absorbente de cocina y pica finas las hojas. A continuación, añade la mitad del perejil picado a la mezcla cremosa de queso y almendras y mezcla bien la otra mitad con el aceite. Reserva.

Corta los pimientos asados por la mitad a lo largo, retírales las pepitas si las tuvieran, reparte en ellos la crema de queso y, seguidamente, enróllalos como si se tratara de canelones. Sirve los rollitos de pimiento espolvoreados con las almendras reservadas y regados con el aceite de perejil.

INGREDIENTES

- 4 pimientos asados
- 250 g de queso para untar
- 50 g de almendras tostadas
- 3 ramitas de perejil
- 4 cucharadas de aceite de oliva
- Sal
- Pimienta

Tiempo: 20 minutos
Raciones: 4
Dificultad: Baja

El truco

Este plato se puede preparar el día antes. Solo tienes que conservar los pimientos ya hechos en la nevera y sacarlos una hora antes de consumirlos para que pierdan el frío.

La receta

Judías verdes con **patata al pimentón**

Lava las judías verdes, despúntalas y córtalas por la mitad, más o menos. Pela las patatas, lávalas y trocéalas. Cuece las patatas y las judías en agua salada, durante 15 minutos aproximadamente o hasta que estén tiernas pero enteras.

Pela los ajos y córtalos en láminas. Rehógalos en una sartén con el aceite de oliva, hasta que empiecen a tomar color, pero sin dejar que se tuesten demasiado. A continuación, retira la sartén del fuego y agrega la cucharadita de pimentón.

Escurre bien las patatas y las judías e incorpóralas a la sartén con el refrito de ajo y pimentón. Remueve suavemente y rehoga todo junto durante 3 o 4 minutos más a fuego bajo. Reparte las judías y las patatas en cuatro platos y sírvelas enseguida bien calientes.

INGREDIENTES

- 300 g de judías verdes finas
- 6 patatas medianas
- 2 dientes de ajo
- 1 cucharadita de pimentón de La Vera
- 5 cucharadas de aceite de oliva
- Sal

Tiempo: 35 minutos
Raciones: 4
Dificultad: Baja

El truco

Para darle un toque especial al sabor de esta versión de judías con patata, también se pueden añadir dos cucharadas de vinagre de Jerez en el último momento.

La receta

Flanes de coliflor **y zanahoria**

Limpia la coliflor, sepárala en ramitos y lávalos. Raspa las zanahorias, lávalas y trocéalas. Cuece ambas verduras en agua con sal alrededor de 15 minutos. Escúrrelas y mézclalas con la leche y la nata líquida. Salpimienta y cuécelas durante 5 minutos más aproximadamente. A continuación, pasa la preparación por la batidora hasta que la mezcla sea homogénea y déjala enfriar.

Bate los huevos con una pizca de sal y pimienta, y agrégalos a la preparación anterior. Engrasa seis flaneras con aceite y reparte en ellas la mezcla. Cuece los flanecitos al baño María, en el horno precalentado a 180°C, durante 45 minutos. Retíralos y déjalos enfriar. Resérvalos en la nevera hasta el día siguiente.

En el momento de servir, lava las hojas de lechuga y sécalas bien con papel absorbente de cocina. Alíñalas con aceite, vinagre, sal y pimienta, y sírvelas acompañando los flanecitos.

INGREDIENTES

- 300 g de zanahorias
- 200 g de coliflor
- 2 dl de nata líquida
- 2 dl de leche
- 2 huevos
- Unas hojas de lechugas variadas
- Aceite de oliva
- Vinagre
- Pimienta y sal

Tiempo: 80 minutos
Raciones: 6
Dificultad: Media

El truco

Para decorar estos flanes puedes utilizar un poco de zanahoria rallada. También es posible espolvorearlos con cebollino picado, porque ligará muy bien con el flan.

Segundos platos para sorprender

Fáciles, al alcance de todos los bolsillos, e imaginativos. Acompañándolos con buenas salsas y cocinándolos en su punto justo podremos elaborar, con los pescados y carnes más económicos, platos principales con un toque especial

El segundo plato es el principal en nuestras comidas y cenas, y carnes y pescados son los grandes protagonistas. Entre las primeras, el pollo y el cerdo son los que tienen mejor precio, aunque es bueno fijarse en aquellos momentos en los que se abaratan otras carnes como el conejo o el pavo, o en los cortes de ternera más adecuados para según qué guisos, porque la ternera de categoría 3 nos puede ir muy bien para picarla, y la de la categoría 2, para estofados y guisos. En cuanto al pescado, es recomendable, antes de comprar, fijarse en los de temporada. Y en cualquier caso, mejor decantarse por el pescado congelado antes que comprar uno cuya frescura sea dudosa.

CARNES Y PESCADOS, EN SU PUNTO

Sea cual sea la variedad de pescado que estemos cocinando, nunca debemos hacerlo demasiado, porque corremos el riesgo de que se nos deshaga o quede demasiado seco. Cuando lo elaboremos guisado es mejor introducirlo en la cazuela durante los últimos minutos de cocción. Si lo hacemos a la plancha, hay que voltearlo en el momento en que esté bien dorado. Las carnes tienen, también, sus propios secretos. La de pollo es mejor cocinarla a fuego lento y dejar que se atempere un poco después de sacarla de la nevera. La de conejo necesita un fuego muy suave para que casi se nos deshaga en la boca. El cerdo se seca rápidamente si lo cocinamos demasiado. Y la ternera precisará más o menos tiempo en función del corte: cuanto más noble, menos tiempo de cocción.

- **Aprovecha las ofertas.** Desde hace tiempo, son muchos los establecimientos que ofrecen lotes de productos a precios más que razonables. De este modo, podemos comprar uno o dos kilos de carnes variadas por un muy buen precio unitario, y lo mismo ocurre con los pescados. Aunque vayamos a cocinar solo una de las variedades que hemos comprado, siempre podemos congelar el resto para otras ocasiones.

Sabías que...

Los productos congelados tienen un mejor precio porque se recolectan en las épocas de mayor producción. Si su manipulación ha sido correcta, no pierden sus propiedades. Hay que descongelarlos siempre en la nevera.

La receta

Filetes de gallo **con salsa de almendras**

Calienta en un cazo un poco de agua, retira del fuego y deja las ñoras en remojo durante 10 minutos. Transcurrido ese tiempo, escúrrelas bien y raspa la pulpa. Reserva. Luego, pon una sartén a calentar y tuesta la almendra molida, pero sin añadir nada de grasa.

Lava los filetes de gallo, sécalos con un poco de papel absorbente de cocina para eliminar bien la humedad y salpimiéntalos y enharínalos un poco. Después, enróllalos y sujétalos con un palillo. Cocínalos en una cazuela con el aceite caliente hasta que estén dorados uniformemente.

Añade la almendra tostada a la cazuela y la pulpa de las ñoras, y rocía con el vino. Cuece unos minutos hasta que este se evapore y riega con el caldo de pescado caliente. Tapa la cazuela y prosigue la cocción unos 6 minutos. Ajusta de sal, retira los palillos y sirve.

INGREDIENTES

- 2 gallos grandes cortados en filetes
- 3 cucharadas de almendra molida
- 2 ñoras
- Harina
- 1 taza de caldo de pescado
- 1/2 vasito de vino blanco
- 2 cucharadas de aceite de oliva
- Sal
- Pimienta

Tiempo: 25 minutos
Raciones: 4
Dificultad: Baja

El truco

El pescado no necesita mucho tiempo de cocción, especialmente si lo cocinamos en filetes. Si lo hacemos demasiado, corremos el riesgo de que se deshaga o se reseque.

La receta

Cazuelita **de salmonetes**

Limpia los salmonetes retirando las aletas, la cabeza y las tripas. Luego, haz un corte por el lado del lomo, lo más cerca de la espina central, y separa los filetes. Reserva. Pela y corta las cebollas en juliana. Lava y corta el limón en rodajas. A continuación, pon a calentar el aceite de oliva en una cazuela y pocha la cebolla, a fuego bajo, junto con los ajos enteros y sin pelar.

Coloca los filetes de salmonete en una cazuela, o en cuatro cazuelitas individuales, salpimiéntalos y agrega la cebolla pochada con los ajos y las rodajas de limón. Reserva el aceite en el que has cocinado la cebolla. Después, cubre la cazuela, o las cazuelitas, con unas ramitas de romero fresco, lavado y seco.

Calienta de nuevo el aceite de oliva y viértelo con cuidado por encima del pescado con el limón y el romero. Añade el vino blanco y deja cocer todo junto unos 5 minutos aproximadamente. Para servir el plato, retira las ramitas de romero y, después, ya puedes llevar el guiso a la mesa bien caliente.

INGREDIENTES

- 800 g de salmonetes
- 2 cebollas
- 4 dientes de ajo
- 1 limón
- 1 copa de vino blanco
- 100 ml de aceite de oliva
- Romero fresco
- Sal y pimienta

Tiempo: 30 minutos
Raciones: 4
Dificultad: Baja

El truco

En vez de vino blanco, para aromatizar los salmonetes puedes utilizar cava o cerveza. Completa el plato con un poco de arroz hervido o patatas asadas en rodajas.

La receta

Pescadilla **con bechamel**

Haz primero una bechamel. Para ello, derrite la mantequilla en un cazo, añade la harina y tuéstala ligeramente removiendo. Agrega después la leche caliente y remueve con unas varillas hasta que espese. Para finalizar, condimenta con sal, pimienta y una pizca de nuez moscada y retira la bechamel del fuego. Reserva.

Elimina la parte verde y la punta de los puerros, lávalos bien para eliminar la tierra que puedan tener en su interior y córtalos en rodajas finas. Sofríelos durante 10 o 12 minutos aproximadamente en las dos cucharadas de aceite de oliva. Mientras tanto, lava los dos tomates y córtalos en rodajas.

Vierte un poco de bechamel en una fuente de horno, cúbrela con la mitad del puerro y agrega la pescadilla. Salpimienta y añade los tomates. Vuelve a sazonar y termina con el puerro. Añade la bechamel restante, espolvorea con el queso y cocina en el horno, precalentado a 180°C, durante 25 o 30 minutos. Retira y sirve.

INGREDIENTES

- 400 g de filetes de pescadilla, bien limpia
- 2 tomates
- 3 puerros
- 30 g de harina
- 400 ml de leche
- 30 g de mantequilla
- 100 g de queso emmental rallado
- 2 cucharadas de aceite de oliva
- Una pizca de nuez moscada
- Pimienta
- Sal

Tiempo: 60 minutos
Raciones: 4
Dificultad: Baja

El truco

También puedes preparar el gratinado en cazuelitas individuales. De este modo, deberás reducir el tiempo de cocción al horno: déjalo cocinar unos 20 minutos.

La receta

Salmón al horno **con salsa de yogur**

Lava los lomos de salmón y sécalos. Raspa la zanahoria, lávala y rállala. Limpia la cebolleta y los pimientos, retirando de estos las semillas y las nervaduras del interior. Lava ambos y córtalos en juliana. Calienta la mantequilla en una sartén y rehoga las 3 hortalizas, con el ajo, pelado y picado, durante unos 5 minutos.

Salpimienta las verduras y repártelas sobre 4 hojas de papel de horno. Coloca encima los lomos de salmón y salpiméntalos también. Espolvorea todo con el tomillo, lavado y picado, y riega con las cuatro cucharadas de vino blanco. Cierra luego los paquetitos y ásalos durante 15 minutos en el horno precalentado a 180°C.

Bate el yogur con una cucharada de aceite, sal y pimienta. Deja reposar los papillotes un par de minutos aproximadamente y, después, sírvelos con la salsa de yogur aparte.

INGREDIENTES

- 4 lomos de salmón fresco
- 1 zanahoria
- 1 cebolleta
- 2 pimientos verdes
- 1 diente de ajo
- 2 cucharadas de mantequilla
- 1 ramita de tomillo
- 4 cucharadas de vino blanco
- 1 yogur natural
- Aceite de oliva
- Pimienta
- Sal

Tiempo: 35 minutos
Raciones: 4
Dificultad: Baja

El truco

Una buena idea para aromatizar la salsa de yogur consiste en añadirle un poco de menta fresca o ajo picados, un toque de mayonesa o de comino, o zumo de limón.

La receta

Cazuela de sepia **con verduritas**

Pela las cebollas y pícalas bien finas. Calienta 3 cucharadas de aceite en una cazuela y rehógalas durante 10 minutos más o menos a fuego bajo o hasta que estén blandas y transparentes. Después, pela y pica finamente el diente de ajo. Raspa la piel de las zanahorias, lávalas y córtalas en cuadraditos.

Limpia y lava las sepias. Agrégalas al sofrito de cebolla junto con las zanahorias a cuadraditos y el ajo y prosigue la cocción alrededor de 5 minutos. A continuación, riega con un vasito de agua caliente, tapa y deja cocer, a fuego lento, 35 minutos. Si es necesario, puedes agregar un poco más de agua caliente.

Limpia, lava y parte en daditos los pimientos. Rehógalos en una sartén unos 5 minutos más o menos. Salpimiéntalos y añádelos a la cazuela con la sepia. Espolvorea el guiso con el perejil, lavado y picado, y deja que cueza todo junto unos 5 minutos aproximadamente. Retira del fuego y sirve enseguida, bien caliente.

INGREDIENTES

- 8 sepias pequeñas
- 2 cebollas
- 2 zanahorias
- 1 pimiento rojo
- 1 pimiento verde
- 1 diente de ajo
- 1 ramita de perejil
- Aceite de oliva
- Pimienta
- Sal

Tiempo: 55 minutos
Raciones: 4
Dificultad: Baja

El truco

Si te han sobrado sepia y verduras, pícalas bien finas y añádelas a un sofrito de tomate. Al día siguiente, podrás utilizarlo para hacer un sabroso arroz o una fideuá.

La receta

Truchas **a la pescadora**

Lava las truchas y sécalas bien con papel absorbente de cocina para eliminar la humedad. Luego, salpimiéntalas, rocíalas con el zumo de un limón y déjalas macerar durante unos minutos. Mientras tanto, escurre las alcaparras del líquido de conservación. Pela el diente de ajo, lava el perejil y pica ambos finamente. Lava bien el otro limón y córtalo en rodajas procurando que te queden iguales.

Enharina ligeramente las truchas. Calienta cuatro cucharadas de mantequilla y el aceite en una sartén grande y fríelas 1 o 2 minutos por cada lado, hasta que se doren de un modo uniforme. Después, retíralas del fuego y déjalas escurrir sobre papel absorbente de cocina para eliminar el exceso de aceite.

Añade a la sartén el resto de la mantequilla y rehoga las alcaparras, con el ajo y el perejil, unos 2 minutos más o menos, vigilando que no se tueste el ajo. Agrega las anchoas, escurridas y picadas, y mezcla. Sirve las truchas con esta salsa y las rodajas de limón.

INGREDIENTES

- 4 truchas limpias y abiertas
- 2 cucharadas de alcaparras
- 4 filetes de anchoa
- 2 limones
- 1 diente de ajo
- 2 ramitas de perejil
- 6 cucharadas de mantequilla
- Harina
- 2 cucharadas de aceite de oliva
- Pimienta
- Sal

Tiempo: 20 minutos
Raciones: 4
Dificultad: Baja

El truco

En vez de dejar macerando las truchas en el zumo de limón, también puedes añadir el zumo a la sartén cuando vayas a rehogar las alcaparras, el ajo y las anchoas.

La receta

Lasaña de calabacín **con mejillones**

Limpia los mejillones eliminando bien las incrustaciones y barbas que puedan presentar. Luego, cuécelos al vapor con la hoja de laurel hasta que se abran. Deja que se templen y a continuación retira las valvas y reserva su carne. Pela y pica finas las cebollas. Pela y pica, también, los ajos. Lava los tomates y pásalos por un rallador.

Calienta una cazuela con el aceite de oliva y pocha la cebolla y el ajo, a fuego bajo, hasta que la primera esté blandita. Añade el tomate rallado y el azafrán, salpimienta y rehoga a fuego suave 20 minutos. Vierte el vino blanco y deja que reduzca unos 5 minutos. Incorpora los mejillones y cocina 5 minutos más. Reserva.

Lava los calabacines, córtalos en láminas, o en rodajas finas, y ásalos unos segundos en la plancha. Monta la lasaña en cuatro cazuelitas individuales o en una fuente de horno alternando capas de calabacín y del sofrito con los mejillones. Espolvorea con un poco de queso y pan rallados, gratina en el horno y sirve bien caliente.

INGREDIENTES

- 3 calabacines
- 1,5 kg de mejillones
- 2 cebollas
- 2 dientes de ajo
- 1,5 kg de tomates
- 1 copa de vino blanco
- 1 hoja de laurel
- Unas hebras de azafrán
- 2 cdas. de queso rallado
- 2 cdas. de pan rallado
- 4 cdas. de aceite de oliva
- Sal y pimienta

Tiempo: 45 minutos
Raciones: 4
Dificultad: Baja

El truco

En verano, puedes hacer la lasaña con calabacín o pimiento. La berenjena, que se alarga hasta otoño, también es perfecta para este plato, igual que el puerro en invierno.

La receta

Timbal de sardinas **y merluza**

Limpia las sardinas, retira las cabezas y ábrelas en dos desechando la espina central. Escalda los tomates durante 1 minuto en una cazuela grande con agua hirviendo. Luego, escúrrelos, pélalos, despepítalos y trocéalos. Pela y pica las cebolletas y el diente de ajo.

Tritura los filetes de merluza junto con el huevo, dos cucharadas de zumo de limón y dos cucharadas de perejil lavado y picado. Salpimienta y mezcla bien. Reserva. Rehoga la cebolleta picada en una sartén con tres cucharadas de aceite de oliva a fuego suave. Añade el ajo picado y cocina 2 minutos más.

Vierte el vino blanco y deja reducir durante 2 minutos. Añade el tomate, salpimienta y cuece a fuego lento 14 minutos. Dispón unas cucharadas de sofrito en una cazuela preparada para el horno y monta el timbal alternado capas de sardinas, merluza y sofrito. Hornea a 200° C durante 25 minutos y sirve.

INGREDIENTES

- 15 sardinas
- 300 g de filetes de merluza sin espinas
- 5 tomates
- 3 cebolletas
- 1 vasito de vino blanco
- 1 diente de ajo
- 1 limón
- 1 huevo
- 1 ramita de perejil
- Aceite de oliva
- Sal y pimienta

Tiempo: 50 minutos
Raciones: 4
Dificultad: Baja

El truco

Para que el plato sea más económico, puedes emplear merluza congelada, ya limpia de espinas. Déjala descongelar en la nevera y escúrrela bien para eliminar toda el agua.

La receta

Rollitos de pavo **con jamón y mozzarella**

Escurre bien la mozzarella de su líquido de conservación y, después, córtala en bastones de un centímetro de ancho, más o menos. Lava y seca los filetes de pavo. Salpimiéntalos y extiéndelos sobre otras tantas láminas de plástico de cocina transparente.

Cubre los filetes con las lonchas de jamón curado y reparte en los extremos los bastones de mozzarella. Enróllalos con ayuda del plástico de cocina, de forma que te queden muy apretados, y déjalos reposar en la nevera unos 15 minutos. Después, retira el plástico y márcalos en la plancha caliente untada con aceite.

Coloca los rollitos en una placa de horno forrada con papel sulfurizado y hornéalos a 200°C hasta se estén doraditos de forma uniforme. Lava y seca el cebollino y tritúralo con el resto del aceite. Corta los rollitos por la mitad, riégalos con el aceite aromatizado y sírvelos con las hojas de lechuga lavadas.

INGREDIENTES

- 600 g de filetes de pechuga de pavo
- 100 g de lonchas de jamón curado
- 2 bolas de queso mozzarella
- 60 ml de aceite de oliva
- 40 g de hojas de lechuga variada
- Unas ramitas de cebollino
- Sal y pimienta

Tiempo: 40 minutos
Raciones: 4
Dificultad: Baja

El truco

Estos filetitos se pueden rellenar, también, con jamón cocido o con beicon y con otros tipos de queso, como el de oveja curado, el brie, el gruyer o el rulo de cabra.

La receta

Hojaldres rellenos **de carne guisada**

Extiende el hojaldre sobre la mesa de trabajo enharinada y estíralo con un rodillo. Córtalo en ocho cuadrados. En cuatro marca dentro un cuadrado más pequeño. Pinta los otros cuatro con huevo batido y coloca encima de ellos los primeros. Disponlos en una placa de horno forrada con papel sulfurizado y pincélalos otra vez con huevo. Hornea a 200°C hasta que se doren.

Pela la cebolla. Raspa y lava las zanahorias. Despunta y lava el calabacín y corta todo en daditos. Lava y seca la carne, enharínala ligeramente y dórala en una cazuela con el aceite. Añade la cebolla, la zanahoria y los ajos, pelados y enteros, y cocina 2 minutos más.

Rocía con el vino, salpimienta y agrega el laurel y el tomillo lavados. Deja evaporar 5 minutos y baña con un vaso de agua. Cuece tapado a fuego suave 30 minutos. Añade el calabacín y cocina 10 minutos más. Reparte los hojaldres en cuatro platos, retira el cuadrado central y rellena con el guiso. Decora con salsa y sirve.

INGREDIENTES

- 1 lámina de hojaldre refrigerado (200 g)
- 300 g de carne de ternera para estofado cortada en daditos
- 2 zanahorias
- 1 calabacín
- 1 cebolla, 2 dientes de ajo
- 1 hoja de laurel
- 1 ramita de tomillo
- 1 vasito de vino de Jerez
- 3 cucharadas de aceite de oliva
- 1 huevo, harina
- Sal, pimienta

Tiempo: 70 minutos
Raciones: 4
Dificultad: Baja

El truco

Cuando la carne de ternera no sea de un corte demasiado tierno, puedes congelarla antes para que se rompan sus fibras. Luego, descongélala siempre en la nevera.

La receta

Conejo en escabeche **con cebollitas**

Lava bien el conejo, sécalo con papel absorbente de cocina para eliminar cualquier resto de humedad y salpimiéntalo. A continuación, calienta una cazuela con un fondo de aceite y dora el conejo solo por un lado durante unos minutos.

Dale la vuelta, incorpora las doce cebollitas peladas y los ocho dientes de ajos, lavados y enteros, y dora el conejo por el otro lado. A continuación, espolvorea el guiso con una cucharada de pimentón dulce. Después, vierte el vaso de vino blanco y el vinagre de Jerez y deja que se evaporen durante unos 10 minutos.

Tapa la cazuela y prosigue la cocción unos 25 minutos más aproximadamente, hasta que veas que la carne del conejo está bien tierna. Retira luego del fuego y sírvela caliente acompañada con la salsa.

INGREDIENTES

- 1 conejo troceado
- 12 cebollitas francesas
- 8 dientes de ajo
- Aceite de oliva
- Pimentón dulce
- 1 vaso de vino blanco
- 1/2 vaso de vinagre de Jerez
- Sal
- Pimienta

Tiempo: 45 minutos
Raciones: 4
Dificultad: Baja

El truco

El conejo es un tipo de carne que necesita cocinarse siempre, sea cual sea el modo en que lo elaboremos, a fuego muy suave para que su carne quede bien melosa.

La receta

Pollo asado **con frutos secos**

Precalienta el horno a 190°C. Lava bien el pollo, sécalo con papel absorbente de cocina para eliminar los restos de humedad, salpiméntalo al gusto y disponlo en una fuente que sea apta para el horno forrada con papel sulfurizado. Luego, alíñalo con un chorrito de zumo del limón y una cucharada de aceite y hornéalo durante unos 35 minutos aproximadamente.

Pica las avellanas y las almendras mientras tanto. Pela el diente de ajo y pícalo también. Mezcla bien las avellanas y las almendras con el ajo y con las dos cucharadas de pan rallado y el perejil lavado, seco y picado finamente.

Espolvorea el pollo con esta preparación. A continuación, riégalo con el aceite restante e introdúcelo de nuevo en el horno. Cocínalo alrededor de 20 minutos a 170°C. Después, retíralo, déjalo reposar durante 5 minutos, más o menos, y sírvelo enseguida.

INGREDIENTES

- 1 pollo cortado en cuartos
- 1 limón
- 2 cucharadas de almendras tostadas peladas
- 2 cucharadas de avellanas tostadas peladas
- 2 cucharadas de pan rallado
- 1 diente de ajo
- 1 ramita de perejil
- 2 cucharadas de aceite de oliva
- Sal y pimienta

Tiempo: 55 minutos
Raciones: 4
Dificultad: Baja

El truco

Siempre resulta aconsejable dejar reposar las carnes asadas unos minutos antes de servirlas para que, de este modo, sus jugos se repartan y el asado esté más jugoso.

La receta

Brochetas de cordero **con romero y miel**

Limpia la carne de posibles restos de grasa. Lávala, sécala bien y córtala en dados más o menos del mismo tamaño. Lava después la naranja, ralla la piel para reservarla y exprímela. Coloca el zumo con las dos cucharadas de miel y el romero lavado en un bol. Añade luego los dados de carne de cordero, remueve para que se mezcle todo bien y deja macerar durante 1 hora.

Lava las hojas de perejil y de menta. Sécalas con papel absorbente de cocina y pica las primeras y la mitad de las segundas. Mezcla las hierbas picadas con el zumo de medio limón y el yogur natural en un cuenco. Salpimienta, tapa con plástico de cocina y deja reposar en la nevera alrededor de 10 minutos.

Escurre los dados de cordero de la marinada y ensártalos en brochetas. Ponlas en una fuente refractaria, salpimienta y hornea 20 o 25 minutos a 200°C. Decora las brochetas con la ralladura de naranja y el resto de la menta, y sírvelas con la salsa de yogur.

INGREDIENTES

- 500 g de carne de cordero
- 1 naranja
- El zumo de 1/2 limón
- 2 cucharadas de miel
- 1 ramita de romero
- 160 g de yogur natural
- Unas hojas de menta
- Unas hojas de perejil
- Sal y pimienta

Tiempo: 90 minutos
Raciones: 6
Dificultad: Baja

El truco

Para acompañar estas brochetas de cordero, puedes cocinar una guarnición de arroz blanco salteado con pasas o preparar unas patatas paja o unas panaderas.

La receta

Terrina de **pollo y salchichas**

Pon en remojo las pasas de Corinto en agua templada 10 minutos y luego escúrrelas. Retira la piel a las salchichas y desmenúzalas. Corta el jamón en tiras finas. Pica las ciruelas y los orejones. Dispón todo en un cuenco y añade el pollo, los huevos, dos cucharadas de pan rallado y el brandy. Salpimienta y mezcla. Unta un molde rectangular con el aceite y espolvorea con el resto del pan rallado. Vierte la preparación y nivélala con una espátula.

Precalienta el horno a 175°C y cocina la terrina 20 minutos. Cubre el molde con papel sulfurizado y prosigue la cocción 20 minutos. Mientras tanto, haz la salsa. Vierte el brandy en un cazo y añade las ciruelas y los orejones. Cuece a fuego medio hasta que se reduzca a la mitad. Agrega el caldo, cocina 1 minuto más y tritura hasta obtener una salsa homogénea.

Retira la terrina del horno, quita el papel sulfurizado y deja templar 15 minutos. Pasa un cuchillo entre el recipiente y la carne y corta esta en rodajas gruesas. Reparte en platos y sirve con la salsa.

INGREDIENTES

- 500 g de pechuga de pollo picada
- 200 g de salchichas frescas
- 40 g de jamón curado
- 50 g de ciruelas pasas
- 50 g de pasas de Corinto
- 50 g de orejones
- 2 huevos, 1 chorrito de brandy
- 3 cdas. de pan rallado
- 2 cdas. de aceite, sal, pimienta

Para la salsa:

- 1/2 vaso de caldo de pollo
- 2 copas de brandy
- 8 ciruelas pasas, 8 orejones

Tiempo: 40 minutos
Raciones: 8
Dificultad: Baja

El truco

Completa el plato con un puré de patata. Hierve cuatro, pásalas por el pasapurés, añade medio vaso de leche y sazona con un pellizco de nuez moscada, sal y pimienta.

La receta

Solomillo de cerdo **con salsa de nata y mostaza**

Limpia y salpimienta el solomillo. Coloca una cazuela amplia al fuego con 2 cucharadas de aceite y cuando veas que está bien caliente, incorpora el solomillo. Dóralo por todas partes uniformemente y, después, retíralo y resérvalo.

Pela y pica fina la cebolla. Añade un poco más de aceite a la cazuela en la que has dorado la carne y sofríe la cebolla unos 10 minutos aproximadamente o hasta que esté transparente. Agrega después la nata para cocinar, déjala reducir durante unos 6 minutos, a fuego muy lento, y luego pasa todo por la batidora.

Incorpora a la salsa la mostaza y el estragón, lavado y seco, y remueve para que se mezclen bien todos los ingredientes. A continuación, ponla de nuevo al fuego. Añade inmediatamente el solomillo de cerdo y cocina entre 7 y 10 minutos, según prefieras la carne (más o menos hecha). Para finalizar, córtalo en rodajas no demasiado finas y sírvelo acompañado de la salsa de nata y mostaza.

INGREDIENTES

- 600 g de solomillo de cerdo
- 1 cucharada de mostaza rústica
- 1/2 cebolla
- 200 ml de nata para cocinar
- Sal
- Pimienta
- Aceite de oliva
- Unas hojas de estragón

Tiempo: 40 minutos
Raciones: 4
Dificultad: Baja

El truco

Para darle un toque especial a la salsa, antes de añadir la nata incorpora al sofrito de cebolla medio vasito de vino blanco. Luego, tritura y sigue las indicaciones de la receta.

La receta

Albóndigas **a las tres salsas**

Prepara la salsa de yogur diluyendo una cucharada de harina en medio vaso de caldo vegetal y calentándolo hasta que espese. Añade el yogur y las nueces, peladas y troceadas, salpimienta, tritura y reserva. A continuación, elabora las albóndigas. Mezcla las carnes con el huevo, una cucharada de perejil picado y un trozo de miga de pan remojada en la leche y escurrida. Salpimienta, remueve para que se mezcle todo bien y forma las albóndigas.

Limpia, lava y pica el puerro para hacer su salsa. Rehógalo 10 minutos en 3 cucharadas de aceite con la manzana pelada y picada. Añade el caldo, la nata, sal y pimienta. Cuece 3 minutos, tritura y agrega una pizca de curry. Para la salsa de pimientos, sofríelos 2 minutos en 3 cucharadas de aceite, con un ajo pelado y picado. Añade la nata, salpimienta y tritura.

Enharina ligeramente las albóndigas y fríelas, a fuego medio y por tandas, en una sartén con abundante aceite. Cuando estén doraditas por todas partes, retíralas y déjalas escurrir sobre papel absorbente. Sírvelas con las tres salsas en cuencos aparte.

INGREDIENTES

- 400 g de carne picada de ternera
- 100 g de carne picada de cerdo
- Miga de pan, 3 cdas. de leche
- 1 huevo, sal, pimienta, aceite
- 1 taza de harina, perejil

Salsa de yogur:

- 1 yogur natural, 3 nueces, sal
- Caldo vegetal, pimienta, harina

Salsa de puerro:

- 1/2 puerro, 1 manzana, pimienta
- 1/2 vaso de caldo, curry, aceite
- 1/2 vasito de nata líquida, sal

Salsa de pimientos:

- 6 pimientos del piquillo, pimienta
- 1 dl de nata líquida, ajo, sal, aceite

Tiempo: 45 minutos
Raciones: 4
Dificultad: Baja

El truco

Si te sobran albóndigas, solo tienes que completarlas con unas verduras rehogadas, triturarlo todo y obtener de este modo una riquísima preparación para hacer lasaña.

Platos únicos para comer bien

Desdeñados durante tiempo, los platos únicos son hoy una gran alternativa para economizar tiempo y dinero. Elaborados de forma equilibrada y sacando partido a los alimentos, el resultado puede ser tan práctico como delicioso.

El plato único se ha convertido en uno de los grandes aliados de la cocina cuando se trata de ahorrar. Y no solo es un recurso económico, sino que también nos ayuda a atesorar tiempo. La única condición indispensable para que nuestras cenas o comidas lo conviertan en el gran protagonista es que sea un plato equlibrado, que reúna todos los nutrientes (vitaminas, minerales, proteínas, hidratos de carbono, etc.) que necesitamos para alimentarnos adecuadamente.

ECONOMÍA CASERA Y PERSONAL

Aprovechar las sobras de las comidas del fin de semana, que es cuando solemos dedicar más tiempo a la cocina, es algo que los platos únicos nos sirven en bandeja. Un poco de pasta o de arroz, combinado con ese plato de estofado que no nos pudimos acabar el domingo, por ejemplo, se convierte en una comida excelente para cualquier día de la semana. Las albóndigas del sábado, mezcladas con unas verduritas rehogadas, serán una excelente lasaña para el lunes. Solo tenemos que deshacerlas un poco, igual que si nos han sobrado longanizas frescas, salchichas o hamburguesas. Las sobras, cocinadas de modos diversos y complementadas con acierto, nos regalan un amplio abanico de platos únicos siempre equilibrados. Además, estos nos ayudan a economizar tiempo, especialmente entre semana, cuando más lo necesitamos. No es lo mismo cocer un poco de arroz (que está listo en unos minutos) para acompañar una carne con salsa, que ponernos a guisar esta última al llegar a casa; ni abrir un tarro de legumbre cocida para ese pisto que nos sobró, que cocer los garbanzos o las judías.

• **Cada vez más demandado.** Para las excursiones de los niños, para comer bien en el trabajo si nos llevamos la fiambrera, para salidas al campo o a la playa, en frío o en caliente, los platos únicos son un recurso, delicioso y equilibrado, que alivia nuestra economía y nos resuelve comidas y cenas en un pispás.

Sabías que...

La moda de la fiambrera crece. Casi un 40% de los españoles se lleva la comida, habitualmente un plato único, al trabajo. ¿La causa? Es un buen método para ahorrar tiempo y dinero y comer sano o hacer dieta.

La receta

Pizza de carne **y champiñones**

Pela el ajo y pícalo. Lava el romero, sécalo con papel absorbente de cocina y separa las hojitas. Coloca los filetes de carpaccio de ternera en un plato y añádeles el ajo picado, el romero, un pellizco de sal y pimienta y 2 cucharadas de aceite de oliva. Déjalos marinar alrededor de unos 10 minutos.

Elimina la base terrosa de los champiñones, lávalos, pero sin dejarlos en remojo para que no pierdan el aroma, y córtalos en láminas bien finas. Después, coloca las bases de pizza en una bandeja refractaria forrada con papel sulfurizado. Cocínalas en el horno precalentado a 250°C durante 20 minutos aproximadamente.

Unos minutos antes de finalizar la cocción, cubre las bases de pizza con el carpaccio. Al final del horneado, la carne tiene que quedar rosada. Decora las pizzas con los canónigos, los champiñones y las escamas de parmesano, y sírvelas enseguida.

INGREDIENTES

- 2 bases de pizza preparadas
- 200 g de filetes finos de ternera para carpaccio
- 2 ramitas de romero
- 2 cucharadas de escamas de queso parmesano
- 3 champiñones
- Canónigos
- 1 diente de ajo
- Aceite de oliva
- Pimienta
- Sal

Tiempo: 35 minutos
Raciones: 4
Dificultad: Baja

El truco

Puedes sustituir las escamas de parmesano por finas lonchas de otro queso curado (manchego, idiazábal, roncal). Con uno menos curado, suavizarás el sabor de la pizza.

La receta

Macarrones **con carne guisada**

Pela las cebollas y córtalas en gajos. Raspa las zanahorias, lávalas y pártelas en rodajas. Limpia la carne de restos de grasa, córtala en dados de unos 3 cm de lado aproximadamente, salpiméntala y enharínala ligeramente.

Calienta el aceite en una cazuela y dora la carne por todos sus lados. Agrega la cebolla, la zanahoria y los ajos, pelados y enteros, y saltea todo un par de minutos, removiendo constantemente. Rocía con el vino, añade las hojas de laurel y romero lavadas y la paprika o el pimentón. Deja evaporar a fuego medio unos 5 minutos y rocía a continuación con un vaso de agua.

Baja la intensidad del fuego, tapa y cuece a fuego suave 1 hora y 20 minutos. De vez en cuando, remueve para que los ingredientes no se peguen en el fondo y, si es necesario, añade un poco de agua caliente. Cuando la carne esté tierna, ajusta de sal y retira el laurel. Hierve la pasta en abundante agua salada el tiempo indicado por el fabricante. Escúrrela y sírvela con la carne y su jugo.

INGREDIENTES

- 350 g de macarrones estriados
- 400 g de carne de ternera para estofado
- 3 zanahorias
- 2 cebollas
- 3 dientes de ajo
- 2 hojas de laurel
- 1 ramita de romero
- 1 cucharada de paprika o pimentón dulce
- 3 cucharadas de harina
- 1 vaso de vino de Jerez
- 4 cucharadas de aceite de oliva
- Sal
- Pimienta

Tiempo: 110 minutos
Raciones: 4
Dificultad: Baja

El truco

Si te sobra pasta hervida y quieres conservarla, cólocala en un bol y échale un poco de aceite para que no se apelmace o reseque. No la congeles, porque se reblandece.

La receta

Sopa de fideos **con cocido**

Deja los garbanzos en remojo de agua 12 horas. Escúrrelos e introdúcelos en una bolsita de rejilla. Pela las patatas, raspa las zanahorias y lávalas. Pela la cebolla y córtala en trozos. Reserva. Lava el hueso y el morcillo de ternera y colócalos, junto con el tocino, en una olla grande con abundante agua salada.

Lleva a ebullición, retira la espuma que se forme en la superficie y agrega la cebolla y los garbanzos. Cuece 1 hora, incorpora la gallina lavada y prosigue la cocción 1 hora más. Añade el chorizo, el jamón, la morcilla, las zanahorias y las patatas, y deja que cueza 30 minutos. Retira un litro y medio de caldo y cuélalo.

Cocina en el caldo los fideos durante unos 10 minutos. Limpia el repollo y despunta las judías. Lávalos, trocéalos, cuécelos en agua salada 30 o 35 minutos y escúrrelos. Pela y pica el ajo. Sofríelo 1 minuto en el aceite y agrégalo a las verduras. Sirve primero la sopa y, luego, los garbanzos, las carnes y las verduras.

INGREDIENTES

- 300 g de garbanzos
- 400 g de morcillo de ternera
- 350 g de gallina
- 50 g de jamón en un trozo
- 50 g de tocino en un trozo
- 1 chorizo, 1 morcilla
- 1 hueso de caña, 1 cebolla
- 3 zanahorias, 3 patatas
- 50 g de fideos
- 350 g de repollo
- 150 g de judías verdes
- 1 diente de ajo, sal
- 1 cucharada de aceite de oliva

Tiempo: 170 minutos
Raciones: 6 personas
Dificultad: Baja

El truco

Si el caldo del cocido te queda graso, échale durante la cocción dos claras de huevo batidas y retíralas al cabo de unos instantes. La grasa se habrá quedado pegada a ellas.

La receta

Empanadillas de **pescado y verduras**

Desmenuza el pescado con cuidado para que no quede ninguna espina ni restos de piel. Lava y pica el puerro, sofríelo 2 o 3 minutos en un hilo de aceite y añade, después, los tomates rallados y el azúcar. Deja reducir durante unos 5 minutos y agrega el pescado y los pimientos del piquillo troceados. Cocina alrededor de 4 minutos más, añade el perejil, lavado y picado, y deja enfriar.

Extiende las obleas en la superficie de trabajo. En cada una de ellas, coloca una cucharada, o una y media, de la mezcla anterior. Dobla las obleas hasta que los extremos de las empanadillas queden unidos, ciérralos bien con los dedos y, después, sella los bordes apretándolos con las púas de un tenedor.

Fríe las empanadillas en aceite bien caliente durante 2 minutos aproximadamente, hasta que estén bien doradas por ambos dados. Escúrrelas sobre papel absorbente de cocina y sírvelas.

INGREDIENTES

- 8 obleas para empanadillas
- 300 g de sobras de pescado
- 1/2 puerro
- Sal
- Pimienta
- 3 tomates
- 150 g de pimientos del piquillo
- 1 pizca de azúcar
- Aceite de oliva
- Unas hojitas de perejil

Tiempo: 40 minutos
Raciones: 4
Dificultad: Baja

El truco

Haz unas empanadillas con cualquier tipo de comida que te sobre: carne, pescado o verduras. En vez de freírlas, puedes pintarlas con huevo batido y hornearlas.

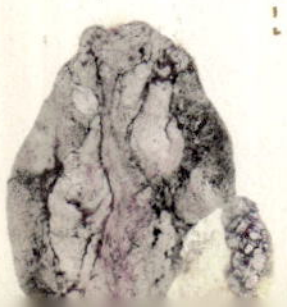

La receta

Ternera estofada **con arroz**

Prepara un atadillo con la ramitas de romero y tomillo y el laurel, lavados y secos. Retira la corteza del tocino y córtalo en tiras. Dóralo en una cazuela con dos cucharadas de aceite, retíralo y, en la misma grasa, rehoga las cebollas, peladas y cortadas en rodajas, 15 minutos. Añade los dados de ternera y deja que se doren a fuego medio 10 minutos. Remueve varias veces durante la cocción. Sazona, añade el pimentón y vuelve a remover para que la carne se impregne. Incorpora el tomate frito y un vaso de agua caliente.

Agrega el atadillo de hierbas, tapa y prosigue la cocción 1 hora y 30 minutos, a fuego muy lento y removiendo de vez en cuando con una cuchara de madera. Mientras tanto, hierve el arroz. Coloca una olla al fuego con agua, un chorrito de aceite, una hoja de laurel y la media cebolla, limpia y cortada a cuartos. Cuando hierva, añade el arroz, cocina unos 15 minutos y escúrrelo bien.

Rectifica de sal la carne al finalizar su cocción, elimina las hierbas aromáticas, separa la carne y pasa la salsa por el chino. Viértela sobre la carne. Sirve la carne en el plato, y el arroz, en un cuenco.

INGREDIENTES

- 800 g de carne de ternera para estofado cortada en dados
- 2 cebollas
- 100 g de tocino
- 1 hoja de laurel
- 1 ramita de romero
- 1 ramita de tomillo
- 1 vaso de tomate frito
- 2 cucharadas de pimentón
- Aceite de oliva
- Sal

Para el arroz:

- 4 tacitas de arroz
- 1 hoja de laurel, 1/2 cebolla
- Aceite, sal

Tiempo: 120 minutos
Raciones: 4
Dificultad: Baja

El truco

También puedes sustituir el arroz por pasta. Recuerda que se recomiendan unos 50 o 60 gramos de estos por persona cuando se trata de usarlos como guarnición.

La receta

Fideos a la cazuela **con sepia y costilla**

Pela y pica las cebollas y los ajos. Ralla los tomates. Lava y seca el pimiento. Retírale el pedúnculo y las semillas interiores y córtalo en daditos. Trocea las salchichas. Lava, seca y pica el perejil. Limpia la sepia, corta el cuerpo y las aletas en daditos y trocea las patas.

Calienta tres cucharadas de aceite en una cazuela y rehoga la costilla de cerdo troceada y las salchichas unos 4 minutos. Retíralas y en el mismo aceite rehoga la sepia 4 minutos. Retira y reserva. Añade la cebolla picada a la cazuela y sofríela a fuego lento 8 minutos. Incorpora la mitad del ajo picado, rehoga 1 minuto más y agrega el pimiento. Cuece 4 minutos y echa el tomate rallado. Salpimienta y cocina el sofrito a fuego lento 12 minutos.

Vierte el vino blanco y sube el fuego para que reduzca durante unos minutos. Incorpora los fideos a la cazuela junto con las salchichas, la costilla y la sepia. Cubre con agua y cuece 10 minutos. Prepara un majado en el mortero con el ajo restante y el perejil picado y agrégalo a la cazuela cuando falten unos 2 minutos para terminar la cocción. Deja reposar un par minutos antes de servir.

INGREDIENTES

- 350 g de fideos
- 100 g de costilla de cerdo troceada
- 8 salchichas pequeñas
- 1 sepia
- 2 cebollas
- 2 tomates
- 1 pimiento verde
- 2 dientes de ajo
- 1 vasito de vino blanco
- 1 ramita de perejil
- Aceite de oliva
- Pimienta
- Sal

Tiempo: 70 minutos
Raciones: 4
Dificultad: Baja

El truco

Al limpiar la sepia, no le quites la piel, ya que de este modo te quedará luego mucho más gustosa. Cuando la cocines, sálala siempre al final de la cocción.

La receta

Tortilla de verduras **y pescadilla**

Lava las patatas y pártelas por la mitad. Cuécelas, con la piel, en agua salada, junto con la cebolla pelada y el laurel lavado durante 25 minutos aproximadamente. Limpia mientras tanto el pimiento verde, lávalo y córtalo en tiras. Lava también los champiñones, eliminando el pie terroso y sin dejarlos en remojo para que no pierdan el aroma, y trocéalos. Saltea ambos unos minutos.

Escurre las patatas y la cebolla tras la cocción y reserva el agua. Cuece en ella la pescadilla lavada alrededor de 10 minutos. Escúrrela, límpiala y desmenúzala con cuidado para eliminar bien las espinas y la piel. Pela después las patatas y trocéalas con la cebolla.

Bate los huevos, sazónalos y mézclalos con el resto de ingredientes, un poco de perejil picado y la cayena picada. Cuaja a continuación varias tortillas en una sartén pequeña o una grande. Sirve caliente.

INGREDIENTES

- 6 huevos
- 1 pimiento verde
- 4 champiñones grandes
- 1 cebolla pequeña
- 2 patatas medianas (180 g)
- 300 g de pescadilla
- 2 hojas de laurel
- Sal
- Perejil picado
- Pimienta de cayena (opcional)
- Aceite de oliva

Tiempo: 60 minutos
Raciones: 6
Dificultad: Baja

El truco

Si lo deseas, puedes acompañar este completo plato con un poco de ensalada verde, una de tomate y queso fresco o un cuenco de arroz salteado con unas verduritas.

La receta

Garbanzos con **verduras y pollo**

Corta la pechuga de pollo en tiras y déjalas macerar con el ajo y una cucharada de aceite alrededor de 30 minutos. Transcurrido este tiempo, rehógalas en una sartén con un hilo de aceite durante unos 4 minutos. Salpimienta y reserva. Pon a escurrir los garbanzos para eliminar bien el líquido de conservación.

Limpia y pica la cebolla y raspa la zanahoria antes de cortarla en tiritas finas. Lava y corta en daditos el calabacín. Rehoga la cebolla en una sartén grande con tres cucharadas de aceite de oliva hasta que veas que empieza a transparentar. Añade después la zanahoria en tiritas y el calabacín en dados. Salpimienta y cocina durante 5 minutos más aproximadamente.

Añade los garbanzos escurridos a la sartén y cocina 2 minutos más o menos. Después, incorpora las tiras de pechuga de pollo, las semillas de comino y el perejil picado. Cuece 1 minuto más y sirve.

INGREDIENTES

- 300 g de garbanzos cocidos
- 1 cebolla
- 1 diente de ajo picado
- 1 calabacín
- 1 zanahoria
- 1 pechuga de pollo
- 1 ramita de perejil picada
- 1 cucharadita de semillas de comino
- Aceite de oliva
- Sal y pimienta

Tiempo: 15 minutos
Raciones: 4
Dificultad: Baja

El truco

Cuando elabores esta receta, también te quedará riquísima si empleas otras legumbres, como lentejas o judías. Y puedes sustituir la carne de pollo por la de pavo.

La receta

Espaguetis **con calamares**

Limpia bien los calamares, reservando la bolsita de la tinta, trocéalos y rehógalos en una cazuela de barro sin nada de aceite para que suelten su agua. Luego, retíralos y resérvalos. A continuación, cuece los espaguetis en agua hirviendo salada hasta que estén 'al dente', o el tiempo que indique el fabricante. Refréscalos bajo el chorro de agua del grifo y deja que se escurran bien. Lava, limpia y trocea en cuadraditos el pimiento verde.

Añade tres cucharadas de aceite a la cazuela y rehoga la cebolla, limpia y picada, durante 10 minutos a fuego muy lento. Agrega luego el ajo picado y el pimiento en cuadraditos y rehoga 2 minutos más. Incorpora el tomate troceado, los calamares con la tinta y el perejil picado y cuece 10 minutos.

Vierte el vaso de vino blanco, salpimienta y cocina a fuego lento otros 15 minutos. Seguidamente, mezcla los calamares, todavía calientes, con los espaguetis bien escurridos y sirve.

INGREDIENTES

- 350 g de espaguetis
- 600 g de calamares
- 1 cebolla
- 2 tomates naturales pelados
- 1 pimiento verde
- 1 vaso de vino blanco
- 1 diente de ajo picado
- 1 ramita de perejil
- Aceite de oliva
- Pimienta
- Sal

Tiempo: 40 minutos
Raciones: 4
Dificultad: Baja

El truco

Si ves que la salsa te queda demasiado espesa, solo tienes que añadirle dos o tres cucharadas de tomate frito para conseguir que sea un poco más líquida.

La receta

Huevos al plato **con crema de ajo**

Precalienta el horno a 200°C. Lava el perejil, sécalo y pícalo muy fino. Calienta 3 cucharadas de aceite en una sartén antiadherente. Añade 4 dientes de ajo, pelados y enteros, y rehógalos durante unos instantes a fuego suave, sin dejar que tomen color. Incorpora la leche, salpimienta y cuece 2 o 3 minutos, hasta que los ajos estén tiernos. Apaga el fuego, déjalo templar y tritúralos en el vaso de la batidora con la mitad del perejil picado, hasta obtener una crema que sea fina y homogénea.

Reparte la crema de ajo en cuatro cazuelitas refractarias untadas con mantequilla y casca 2 huevos en cada una. Introdúcelas en el horno y cuece durante 12 minutos o hasta que las claras se cuajen. Pela el diente de ajo restante, pártelo en láminas muy finas y dóralo en una sartén con 1 cucharada de aceite. Tuesta el pan en la tostadora y córtalo en bastoncitos. Retira las cazuelitas del horno.

Espolvorea los huevos con el resto del perejil picado, dispón encima de ellos unas láminas del ajo frito y sírvelos enseguida acompañados con los bastoncitos de pan tostado.

INGREDIENTES

- 8 huevos
- 5 dientes de ajo
- 100 ml de leche
- 3 ramitas de perejil
- 4 cucharadas de aceite de oliva
- 4 rebanadas de pan de molde
- Mantequilla
- Pimienta
- Sal

Tiempo: 20 minutos
Raciones: 4
Dificultad: Baja

El truco

Si te apetece, puedes completar este plato incorporando unos guisantes hervidos a la cazuelita antes de hornear, o sirviéndolos aparte en unos boles.

La receta

Paella de verduras, **pollo y conejo**

Lava el pollo y el conejo y sécalo con papel absorbente de cocina. Calienta el aceite en la paella y déralos ligeramente por todos sus lados. Después, retíralos hacia los bordes exteriores y dispón en el centro las judías verdes, limpias y troceadas, y los tomates pelados y picados. Rehoga todo junto durante unos minutos y luego agrega un litro de agua. Añade a continuación el pimentón, el azafrán, el romero lavado y una pizca de sal.

Lleva a ebullición, baja el fuego y cuece durante 30 minutos a fuego lento, hasta que el caldo se haya reducido una tercera parte. Incorpora 300 ml de agua, retira la ramita de romero, lleva a ebullición de nuevo y agrega el arroz.

Prosigue la cocción 10 minutos a fuego fuerte. Después, reduce la intensidad de la llama y cocina durante otros 8 minutos. Retira la paella del fuego y deja reposar 5 minutos antes de servir.

INGREDIENTES

- 400 g de arroz
- 350 g de pollo troceado
- 350 g de conejo troceado
- 2 tomates
- 200 g de judías verdes planas
- 12 hebras de azafrán
- 1 cucharadita de pimentón
- 1 ramita de romero
- 1 dl de aceite de oliva
- Sal

Tiempo: 70 minutos
Raciones: 6
Dificultad: Baja

El truco

La paella en la que cocines el arroz puede ser tu aliada. Cuanto más amplia sea, menor grueso tendrá el arroz y más fácil te resultará que se cocine en su punto justo.

La receta

Albóndigas de salmón **con ensalada de tomate**

Limpia bien el salmón de piel y espinas. Lávalo, sécalo y pícalo. Pela y pica también la cebolla. Lava, seca y el pica el cebollino. Mézclalo todo bien y añade el huevo y una pizca de sal y pimienta. Agrega las dos cucharadas de pan rallado, poco a poco, y ve mezclando hasta conseguir una masa homogénea.

Ve formando pequeñas bolas de pasta con las manos y, después, pásalas por harina. Luego, fríelas en una sartén con aceite a temperatura media hasta que estén doradas uniformemente y déjalas escurrir en un plato forrado con papel absorbente para que, de este modo, eliminen el exceso de aceite.

Lava los tomates, sécalos y córtalos en gajos. Pela y corta en juliana la media cebolla. Mezcla ambas hortalizas y alíñalas con 2 cucharadas de aceite, 2 cucharadas de vinagre de Jerez y sal. Sirve las albóndigas junto con la ensalada.

INGREDIENTES

- 500 g de salmón fresco
- Una cebolla pequeña
- Unas ramas de cebollino
- 1 huevo
- Aceite de oliva
- 2 cucharadas de pan rallado
- 100 g de harina
- Sal, pimienta

Para la ensalada:

- 1/2 cebolla roja
- 3 tomates
- Aceite de oliva
- Vinagre de Jerez
- Sal

Tiempo: 40 minutos
Raciones: 4
Dificultad: Baja

El truco

Prepara la ensalada de tomate siempre en el último momento para que se conserve mejor y, por el mismo motivo, no la aliñes hasta que vayas a llevarla a la mesa.

La receta

Potaje de arroz con **alubias y bacalao**

Pela las patatas, lávalas y córtalas en dados pequeños. Limpia las cuatro hojas de acelgas, eliminando las hebras de las pencas y la tierra que puedan presentar, lávalas y córtalas en juliana. Pela también la cebolla y el ajo y pícalos finamente.

Calienta el aceite en una cazuela y rehoga en él la cebolla y el ajo durante 5 o 6 minutos más o menos, sin dejar que se doren demasiado. Añade a continuación las acelgas en juliana, el arroz y las patatas a dados. Cubre todo con tres vasos de agua hirviendo y cuece, tapado, durante 15 minutos aproximadamente.

Enjuaga las alubias de su líquido de conservación y escúrrelas. Incorpóralas a la cazuela, junto con la salsa de tomate. Salpimienta y cuece alrededor de 3 minutos. Lava el bacalao, sécalo con papel absorbente de cocina y sepáralo en lascas. Agrégalo a la cazuela y dale un hervor. Deja reposar un momento antes de servir.

INGREDIENTES

- 150 g de arroz de grano redondo
- 100 g de alubias blancas cocidas
- 1 cebolla
- 200 g de patatas
- 4 hojas de acelga
- 150 g de bacalao desalado
- 2 cucharadas de salsa de tomate
- 1 diente de ajo
- 2 cucharadas de aceite de oliva
- Sal, pimienta

Tiempo: 30 minutos
Raciones: 4
Dificultad: Baja

El truco

Para darle más sabor al potaje, en lugar de agua se puede emplear caldo de verduras o pescado. Con otras legumbres como garbanzos, lentejas o soja, quedará igual de rico.

La receta

Lasaña tradicional **a la boloñesa**

Lava, limpia y pica las verduras y sofríelas en aceite durante 8 minutos. Añade luego la carne picada y cuece 4 minutos más. Moja con el vino, deja reducir y agrega el tomate frito. Salpimienta, tapa y cuece 20 minutos más aproximadamente.

Prepara una bechamel. Calienta la mantequilla con la harina en una sartén sin dejar que esta útima tome color. Agrega la leche en hilo y remueve con unas varillas. Salpimienta, sazona con una pizca de nuez moscada y cocina hasta que espese ligeramente.

Hierve las láminas de lasaña el tiempo que indique el fabricante y extiéndelas sobre un paño limpio. Unta una fuente con mantequilla, coloca una lámina en el fondo y cubre con parte de la boloñesa y la bechamel. Sigue formando capas y acaba con la bechamel y el queso. Cuece en el horno, precalentado a 190°C, 30 minutos.

INGREDIENTES

- 12 placas de lasaña
- 1 cebolla
- 1 apio
- 300 g de carne de ternera picada
- 1/2 vaso de vino blanco
- 1 zanahoria
- 400 g de tomate frito
- 50 g de harina
- 1/2 l de leche
- 50 g de mantequilla
- 50 g de queso parmesano rallado
- Una pizca de nuez moscada
- Aceite de oliva, sal y pimienta

Tiempo: 80 minutos
Raciones: 4
Dificultad: Baja

El truco

Si quieres preparar la salsa de tomate frito casera, es muy importante que le añadas un pellizco de azúcar, porque de este modo lograrás eliminar toda su acidez.

La receta

Lentejas castellanas **al estilo clásico**

Deja las lentejas en remojo durante unas 4 horas. Luego, ponlas a escurrir. Pela y pica la cebolla fina y rehógala en una cazuela caliente con dos cucharadas de aceite hasta que veas que está transparente. Añade en ese momento uno de los ajos, pelado y picado, y deja que se cocine durante 1 minuto más.

Incorpora a la cazuela los daditos de jamón y el chorizo cortado en rodajas. Rehoga todo junto 2 minutos aproximadamente y añade después las lentejas, bien escurridas, y la hoja de laurel limpia. Salpimienta, cubre con agua y cuece durante 50 minutos.

Tuesta las rebanadas de pan mientras tanto y rehoga el ajo picado restante en una sartén con una cucharada de aceite. En cuanto empiece a tomar color, retíralo del fuego y maja el refrito en un mortero con el pan tostado. Agrégalo a la cazuela con las lentejas, cuece alrededor de 5 minutos más y sírvelas bien calientes.

INGREDIENTES

- 300 g de lentejas castellanas
- 1 cebolla
- 75 g de daditos de jamón serrano
- 100 g de chorizo
- 2 rebanadas de pan
- 2 dientes de ajo
- 1 hoja de laurel
- 3 cucharadas de aceite de oliva
- Pimienta
- Sal

Tiempo: 60 minutos
Raciones: 4
Dificultad: Baja

El truco

Si quieres rebajar las grasas de esta receta y hacer un plato mucho más ligero, solo tienes que sustituir las rodajas de chorizo por un poco de pimentón dulce.

La receta

Arroz salteado con **cebolla y chistorra**

Pela la cebolla y pícala muy menuda. Pela el diente de ajo y córtalo en láminas. Trocea las chistorras. Cuece el arroz durante 18 minutos aproximadamente en abundante agua hirviendo salada. Después, retíralo, refréscalo pasándolo por agua fría y resérvalo en un colador para que se vaya escurriendo.

En una sartén amplia, calienta 2 cucharadas de aceite y rehoga la cebolla picada, a fuego suave, alrededor de 10 minutos o hasta que esté transparente. Añade después el ajo laminado y las chistorras troceadas, y cocina todo junto durante 3 o 4 minutos más.

Añade el arroz hervido a la sartén y saltéalo, removiendo con una cuchara de madera, para que tome color. Lava el perejil, sécalo con papel absorbente de cocina y pica las hojas bien finas, reservando algunas enteras. Para finalizar, espolvorea el arroz con el perejil picado, decora con un par de hojas y sirve inmediatamente.

INGREDIENTES

- 4 tacitas de arroz
- 1 cebolla
- 1 diente de ajo
- 2 chistorras
- 1 ramita de perejil
- Aceite de oliva
- Sal

Tiempo: 35 minutos
Raciones: 4
Dificultad: Baja

El truco

Para satisfacer a los buenos comedores, también es posible completar este plato añadiéndole un huevo frito o unas cucharadas de pisto de hortalizas.

Postres sencillos para disfrutar

Tiempo y un pellizco de imaginación es lo único que necesitan los postres para convertirse en toda una tentación. Alimentos básicos y de temporada, la clave para que, además de deliciosos, no nos desequilibren el presupuesto.

Los golosos están de enhorabuena, porque los postres pueden ser tan deliciosos y tentadores como económicos. Si los hacemos con frutas, es imprescindible elegir las de temporada para que nos regalen todo su sabor y sus vitaminas y nos salgan muy bien de precio. En primavera podemos combinar las fresas con nata o con chocolate, también con queso. Y aún encontraremos buenas naranjas. Sin olvidar la piña, el kiwi o el plátano, de los que disfrutamos todo el año. En verano, los melocotones, los arándanos, los albaricoques o las ciruelas, por ejemplo, son perfectas para hacer tartas. Melón y sandía, ideales para sopas dulces o brochetas regadas con almíbares de hierbas aromáticas como la menta. Y los limones, refrescantes como granizados o sorbetes. En otoño e invierno, manzanas y peras son básicos para los tatines y pasteles; sin olvidar limones, mandarinas y naranjas para nuestras mousses. Es importante saber que las frutas exóticas de importación no suelen ser baratas, porque necesitan un transporte largo y rápido desde su país de origen hasta nuestros mercados. Sin embargo, podemos comprar una pequeña cantidad para incorporarla a los postres. Al elegirla, es mejor que no tenga manchas y que no esté muy madura.

INGREDIENTES SIN COMPLICACIONES

Harina, huevos y azúcar, es lo único que necesitamos para hacer un bizcocho. Leche, huevos, azúcar, harina, canela, limón o naranja, los básicos para una crema. Chocolate y mantequilla, la clave para una cobertura. Todos, sin excepción, ingredientes asequibles que dan como resultado postres deliciosos si les dedicamos un pellizco de nuestro tiempo y les ponemos una pizca de imaginación.

- **La medida justa.** El postre es un buen complemento para nuestras comidas, especialmente la fruta. Cuando nos apetezcan dulces como tartas, flanes, etc, siempre es mejor comerlos en pequeña cantidad.

sabías que...

El chocolate pierde su aroma y propiedades si se guarda en la nevera. Es mejor conservarlo en un lugar fresco y seco. Si lo tienes que deshacer para una tarta o una mousse, hazlo al baño María y mantendrá su aroma.

La receta

Natillas en **blanco y negro**

Lleva el medio litro de leche a ebullición junto con la canela y un trozo de piel de limón lavada. Cuando hierva la leche, retírala del fuego, cuélala y deja que se enfríe un poco. Mientras tanto, bate las yemas de huevo con el azúcar y la maicena.

Una vez tibia, agrega la leche a la mezcla de huevo, azúcar y maicena. Después, remueve bien, vierte la mezcla en un cazo y cuece a fuego suave, sin dejar de remover, hasta que espese.

Divide la crema en dos partes y coloca cada una de ellas en un bol. Añade a una el cacao en polvo y la cucharada de leche. Remueve bien hasta que se incorporen todos los ingredientes. Reparte después las natillas en vasitos, alternando una capa de la blanca y una de la negra, y sírvelas bien frías.

INGREDIENTES

- 1/2 l de leche (y 1 cucharada más)
- 6 yemas de huevo
- 1 cucharada de cacao en polvo
- 100 g de azúcar
- 25 g de maicena
- 1 ramita de canela
- Piel de limón

Tiempo: 30 minutos
Raciones: 4
Dificultad: Baja

El truco

Es importante vigilar que no se nos enganche la natilla al cazo mientras espesa. Si ocurre, sácala rápido del fuego y viértela en otro cazo sin rascar lo enganchado.

La receta

Tortitas con **frutas y miel**

Prepara primero la masa para las tortitas. Tamiza la harina con la levadura en un cuenco grande pasándolas por un colador o un tamizador. Agrega después los dos tipos de azúcar, el huevo batido y la leche en un hilo, y bate todo junto hasta que se mezcle bien y obtengas una papilla homogénea.

Calienta una nuez de mantequilla en una sartén pequeña y añade un cacillo de la masa. Cuájala durante 1 minuto, dale la vuelta, termina de hacerla por el otro lado, y retira la tortita. Repite la operación hasta agotar la masa, y reserva las tortitas apiladas en un plato.

Monta la nata con el azúcar glas. Conseguirás más volumen a mano con unas varillas metálicas, aunque puedes hacerlo con la batidora eléctrica vigilando no pasarte de batido para que no te quede por un lado una especie de mantequilla dulce y por otro, el suero lácteo. Después, pela las frutas que lo requieran, lava el resto y trocéalas todas. Sirve las tortitas con la fruta, con un copete de nata y regadas con la miel.

INGREDIENTES

- 2 dl de nata para montar
- 50 g de azúcar glas
- 3 cucharadas de miel
- Frutas de temporada: kiwis, fresas, plátanos...

Para las tortitas:

- 120 g de harina
- 1 huevo
- 1 dl de leche
- 2 cucharadas de levadura en polvo
- 3 cucharadas de azúcar
- 1/2 cucharada de azúcar avainillado
- 2 cucharadas de mantequilla

Tiempo: 30 minutos
Raciones: 4
Dificultad: Baja

El truco

Mientras montas la nata y preparas la fruta, deja las tortitas en el horno, precalentado a 150°C y apagado, para que se mantengan calientes hasta el momento de servir.

La receta

Corona de **bizcocho bicolor**

Coloca 300 gramos de la mantequilla reblandecida en un cuenco, agrega el azúcar, el azúcar avainillado y la sal, y bate con unas varillas eléctricas hasta obtener una mezcla lisa y homogénea. Agrega dos cucharadas de leche y los huevos, de uno en uno. Sigue batiendo hasta incorporarlos totalmente.

Tamiza la harina con la levadura y añádelas a la mezcla anterior en dos veces. Vierte dos tercios de la mezcla en un molde de corona, previamente untado con un poco de mantequilla. Coloca el resto de la masa en un cuenco, añade el cacao y la leche restante y remueve bien hasta que se mezclen.

Agrega la masa de chocolate al molde y remueve con un tenedor haciendo un dibujo en forma de espiral. Ten en cuenta que las masas no deben mezclarse del todo. A continuación, cocina el bizcocho en el horno, precalentado a 180ºC, durante 1 hora aproximadamente. Puedes comprobar la cocción introduciendo un palillo: si sale seco, ya está listo. Retíralo del horno y déjalo enfriar. Después, desmóldalo en una fuente y sirve.

INGREDIENTES

- 375 g de harina
- 330 g de mantequilla reblandecida
- 250 g de azúcar
- 1 cucharada de azúcar avainillado
- 5 huevos
- 4 cucharaditas de levadura en polvo
- 1 cucharadita de sal
- 3 cucharadas de leche
- 20 g de cacao en polvo

Tiempo: 80 minutos
Raciones: 8-10
Dificultad: Baja

El truco

Para conservar el bizcocho, mételo frío en un recipiente hermético. Puedes congelarlo bien envuelto en plástico de cocina, pero no debe llevar rellenos ni glaseados.

La receta

Copa de crema de **queso con fresas**

Disuelve el café en la mitad del brandy y medio vaso de agua caliente. Luego, baña los bizcochos de soletilla en esta mezcla y repártelos en cuatro copas de boca ancha. A continuación, lava los fresones, sécalos y retírales el rabito y las hojas. Reserva algunos para decorar al final y trocea el resto en daditos.

Casca los huevos separando las claras de las yemas. Bate estas últimas con el azúcar hasta que blanqueen un poco. Añádeles el resto del brandy, el queso blanco para untar, la nata montada y los fresones troceados, y remueve. Monta después las claras de los huevos a punto de nieve e incorpóralas poco a poco a la mezcla, con movimientos lentos y envolventes para evitar que bajen.

Vierte la crema resultante sobre los bizcochos que has repartido en las copas, espolvorea con el cacao en polvo y reserva en la nevera durante dos o tres horas. Sirve las copas decoradas con los fresones reservados cortados a láminas.

INGREDIENTES

- 200 g de queso blanco para untar
- 100 g de nata montada
- 300 g de fresones
- 4 huevos
- 8 bizcochos de soletilla
- 2 cucharadas de café soluble
- 1 copita de brandy
- 4 cucharadas de azúcar
- 1 cucharada de cacao en polvo

Tiempo: 20 minutos + reposo
Raciones: 4
Dificultad: Baja

El truco

Puedes montar las copas alternando capas de crema de queso, fresones y bizcochos empapados en café y licor. También quedarán muy ricas si añades piña troceada.

La receta

Magdalenas **con pistachos**

Coloca los pistachos en un robot de cocina y tritúralos sin que se muelan del todo. También puedes hacerlo utilizando el mortero tradicional. Luego, resérvalos. A continuación, con la ayuda de un colador, tamiza la harina junto con la levadura y una pizca de sal.

Bate los huevos con el azúcar hasta que se disuelva por completo y la mezcla blanquee un poco. Agrega el aceite de oliva y bate de nuevo. Cuando esté ligado, incorpora el medio vaso de leche. Después, añade la harina, poco a poco, hasta que todos los ingredientes queden bien ligados. Por último, incorpora los pistachos triturados a la mezcla, remueve y reserva.

Reparte la mezcla en los moldes de magdalena, llenándolos solo hasta la mitad para evitar que al subir sobrepasen la altura de los moldes y espolvorea un poco de pistacho triturado por encima. Coloca las magdalenas en una bandeja y hornea durante 20 minutos a 160 °C. Retira del horno y deja enfriar.

INGREDIENTES

- 150 g de harina
- 1/2 sobre de levadura
- 100 g de azúcar
- 1/2 vaso de aceite de oliva
- 1/2 vaso de leche
- 2 huevos
- 80 g de pistachos
- Sal

Tiempo: 40 minutos
Raciones: 12 unidades
Dificultad: Baja

El truco

Estas magdalenas también pueden hacerse sustituyendo el azúcar por la misma cantidad de miel. Igualmente, quedarán riquísimas con almendras, nueces o avellanas.

La receta

Flanes de **manzana y galleta**

Lava y pela el limón, reserva un trozo de la piel y exprímelo. Pela tres de las cuatro manzanas, descorazónalas, trocéalas y rocíalas con el zumo del limón. Cuécelas luego durante 15 minutos con cuatro cucharadas de agua, removiendo hasta que se deshagan. Añade entonces el azúcar y las galletas picadas. Aplasta bien la mezcla hasta que obtenegas un puré homogéneo.

Precalienta el horno a 180°C. Hierve la leche en una cazuela con la ramita de canela y la piel del limón que habías reservado. Tapa, deja que se temple y, luego, filtra la leche y mézclala con el puré de manzana y galleta y los cinco huevos batidos.

Reparte la mezcla en flaneras untadas con caramelo y hornea los flanes al baño maría 50 minutos aproximadamente. Lava la manzana que te queda, descorazónala, córtala en láminas y saltéalas en la mantequilla. Desmolda los flanes y sírvelos con la manzana.

INGREDIENTES

- 400 ml de leche desnatada
- 4 manzanas
- 8 galletas tipo maría
- 1 limón
- 5 huevos
- 60 g de azúcar
- 1 ramita de canela
- 1 cucharadita de mantequilla
- Caramelo líquido

Tiempo: 75 minutos
Raciones: 6
Dificultad: Media

El truco

También puedes preparar tú misma un riquísimo caramelo casero. Solo tienes que cocer 100 g de azúcar con medio vasito de agua y unas gotas de zumo de limón.

La receta

Arroz con leche **a la naranja**

Dispón el arroz en un escurridor y enjuágalo bien con agua fría para que pierda parte del almidón. Después, escúrrelo y cuécelo durante 10 minutos aproximadamente en una cazuela con 1 litro de agua. A continuación, refréscalo bajo el chorro de agua fría del grifo, escúrrelo de nuevo y resérvalo.

Lava bien la naranja. Corta un trozo de la cáscara, añádela a la leche y llévala a ebullición. Incorpora seguidamente el arroz y cuece, a fuego lento, alrededor de 15 minutos, removiendo a menudo con una cuchara de madera.

Exprime la naranja y añade su zumo a la leche con el arroz poco a poco y sin dejar de remover. Echa del mismo modo las ocho cucharadas azúcar. Cuece todo 10 minutos más. Después, pásalo a una fuente y déjalo enfriar. Repártelo en cuencos y sírvelo espolvoreado con canela y decorado con trocitos de piel de naranja.

INGREDIENTES

- 120 g de arroz
- 750 ml de leche
- 1 naranja
- 8 cucharadas de azúcar
- Canela en polvo

Tiempo: 40 minutos
Raciones: 4
Dificultad: Baja

El truco

Con el arroz con leche que te sobre puedes preparar una deliciosa crema. Solo tienes que triturarlo con un poco de nata líquida y servirlo con dados de manzana asada.

La receta

Minicharlotas **de pera y nata**

Dispón dos cucharadas colmadas de azúcar y la canela en un cazo. Agrega las peras, peladas y troceadas, y un poco de agua y cuece a fuego lento hasta conseguir que se evapore todo el líquido y se forme un almíbar. Después, aparta del fuego y deja que se enfríe. Escurre los trocitos de pera, retira un par de cucharadas para la decoración final y tritura el resto.

Exprime la naranja y mezcla su zumo en un cuenco un poco amplio con las dos cucharadas del licor de naranja. Trocea los bizcochos de soletilla, procurando que te queden igual de altos que los moldes que vayas a utilizar después para montar el postre, y mójalos ligeramente en la mezcla de licor.

Forra la base y las paredes de cuatro moldes redondos con los bizcochos. Monta seguidamente la nata con un batidor y agrega el resto del azúcar y la pera triturada. Rellena los moldes y deja reposar en la nevera un mínimo de 4 horas. Decora con unos trocitos de la pera caramelizada que habías reservado.

INGREDIENTES

- 4 peras
- 12 bizcochos de soletilla
- 200 ml de nata para montar
- 2 cucharadas de licor de naranja
- 1 naranja (el zumo)
- 175 g de azúcar
- Canela en rama

Tiempo: 25 minutos + reposo
Raciones: 4
Dificultad: Baja

El truco

Para que este postre resulte más ligero, también es posible sustituir la nata montada por un par de hojas de gelatina neutra disueltas en leche caliente.

La receta

Galletitas **ajedrezadas**

Corta la mantequilla en dados y deja que se ablande a temperatura ambiente. Tamiza la harina en un bol y agrega los dos tipos de azúcar, la mantequilla, los huevos batidos y sal. Amasa hasta obtener una pasta homogénea. Divídela en dos partes iguales.

Funde el chocolate al baño maría y déjalo templar. Mezcla con una de las masas y remueve hasta integrarlo. Da forma de bola a las dos masas, envuélvelas en plástico de cocina y déjalas en la nevera 30 minutos. Estíralas por separado con el rodillo hasta obtener dos planchas de 1 cm de grosor. Corta cada plancha en 8 tiras.

Dispón cuatro tiras de masa, unas junto a otras, pegaditas, alternando los dos colores. Coloca sobre ellas otras cuatro tiras, poniendo las de masa blanca sobre las de chocolate, y viceversa. Repite el proceso dos veces más, de modo que queden 4 capas de tiras alternas. Envuelve la masa en plástico de cocina y déjalo en la nevera al menos 6 horas. Precalienta el horno a 180°C. Corta la masa ajedrezada en rebanadas, coloca las galletas en una placa forrada con papel sulfurizado y hornea 10 minutos. Deja enfriar y sirve.

INGREDIENTES

- 370 g de harina
- 250 g de azúcar
- 1 sobrecito de azúcar avainillado
- 200 g de mantequilla
- 25 g de chocolate de cobertura
- 2 huevos
- 1 pizca de sal

Tiempo: 50 minutos
Raciones: 24 unidades
Dificultad: Media

El truco

Es importante no hornear en exceso las galletas. Al sacarlas del horno han de estar un poquito blandas, porque una vez frías siempre tienden a endurecerse.

La receta

Brochetas de **frutas a la menta**

Lava las hojas de menta, sécalas con papel absorbente de cocina y pícalas bien finas. A continuación, coloca los yogures naturales en un cuenco y añádeles las cucharaditas de azúcar. Remueve hasta que el azúcar se disuelva y, luego, aromatízalo con la menta. Mezcla durante 1 minuto aproximadamente para que desprenda su aroma y deja reposar en la nevera 20 minutos.

Lava los fresones, sécalos y retírales el tallo y las hojitas. Pela los kiwis y pártelos en rodajas no muy finas. Después, corta cada una por la mitad. Pela también el plátano y pártelo en rodajas gruesas.

Pela la pera, trocea la pulpa retirando el corazón y riégala con el zumo de limón para que no se oxide. Para finalizar, ensarta las frutas en brochetas de madera, alternándolas, y sírvelas enseguida, acompañadas de la salsa de yogur y menta.

INGREDIENTES

- 16 hojas de menta fresca
- 2 yogures naturales desnatados
- 4 cucharaditas de azúcar
- 8 fresones
- 2 kiwis
- 1 plátano
- 1 pera
- 1 cucharada de zumo de limón

Tiempo: 20 minutos + reposo
Raciones: 4
Dificultad: Baja

El truco

Puedes hacer la salsa de menta la víspera y guardarla, bien tapada, en la nevera. De este modo tendrá un aroma mucho más intenso en el momento de servirla.

La receta

Corazones de **chocolate al ron**

Tamiza la harina con la levadura con la ayuda de un colador. Casca los huevos separando las claras de las yemas. Monta las claras a punto de nieve y resérvalas. A continuación, bate las yemas con el azúcar y 30 gramos de mantequilla hasta que la mezcla blaquee un poco. Incorpora entonces 125 gramos de harina y la leche. Añade seguidamente las claras, poco a poco, y con movimientos envolventes para evitar que bajen.

Engrasa una fuente amplia y plana con la mantequilla restante y espolvoréala con harina. Vierte la mezcla anterior y cuécela 40 minutos en el horno precalentado a 180°C. Comprueba la cocción pinchando el bizcocho con un palillo: si sale seco, retíralo.

Deja enfriar el bizcocho, desmóldalo, pinta la superficie con el ron con la ayuda de un pincel de cocina y córtalo con un cortapastas en forma de corazón. Derrite el chocolate al baño maría con la nata y agrega la mantequilla. Baña con él los corazones de bizcocho, deja que se enfríen y sirve.

INGREDIENTES

- 150 g de harina
- 2 huevos
- 1/2 sobre de levadura
- 30 g de azúcar
- 50 g de mantequilla
- 1/2 vaso de leche
- 1 copita de ron

Para la cobertura:

- 200 g de chocolate de cobertura
- 50 g de mantequilla
- 2 cucharadas de nata líquida

Tiempo: 80 minutos
Raciones: 4
Dificultad: Baja

El truco

Dale un toque crujiente a este original postre espolvoreando los corazones con almendras o avellanas picadas antes de que el chocolate se llegue a solidificar.

La receta

Mousse de **limón y yogur**

Lava las hojas de menta, escáldalas en agua hirviendo, escúrrelas y pasalas por el chorro de agua fría para refrescarlas. Cuece el agua en un cazo con la cucharada de azúcar durante 3 o 5 minutos, hasta conseguir un almíbar ligero. Retira y deja enfriar. Pasa por la batidora con las hojas de menta y cuela la mezcla.

Semimonta la leche evaporada con los 60 gramos de azúcar. Deja en remojo de agua fría la gelatina. Lleva a ebullición en un cazo dos cucharadas del zumo de limón, añade la gelatina escurrida y remueve hasta disolverla. Añade el zumo de limón restante, mezcla y vierte en un cuenco grande. Incorpora poco a poco el yogur y, luego, la leche evaporada del mismo modo.

Monta las claras con la sal y añádelas también, mezclando con movimientos envolventes. Reparte la mousse en cuatro copas y déjala cuajar en la nevera durante 4 o 5 horas. Sírvela regada con un cordón del almíbar de menta y decorada con la pimienta rosa.

INGREDIENTES

- 80 ml de zumo de limón
- 100 g de yogur natural desnatado
- 150 ml de agua
- 60 g de azúcar + 1 cucharada
- 80 ml de leche evaporada
- 60 g de clara de huevo
- 2 hojas de gelatina
- 1 ramita de menta
- Una pizca de sal
- Unos granos de pimienta rosa

Tiempo: 30 minutos + reposo
Raciones: 4
Dificultad: Baja

El truco

Es clave que cuando mezcles las claras montadas con la crema lo hagas con una espátula y suavemente, de arriba abajo, para evitar que pierdan su volumen.

La receta

Roquitas crujientes **con almendras**

Dispón las almendras en una fuente refractaria y tuéstalas, en el horno precalentado a 180°C, de 3 a 5 minutos aproximadamente. Mientras tanto, coloca los cereales dentro de una bolsa y estrújala para romperlos ligeramente. Al sacar las almendras del horno, reserva unas cuantas y mezcla el resto con los cereales.

Funde el chocolate negro al baño maría y añádelo a la mezcla anterior. Remueve y déjalo enfriar. Pueda tardar unos 10 minutos. Seguidamente, y con la ayuda de dos cucharas, ve cogiendo porciones de la masa y colócalas en una bandeja, forrada con papel sulfurizado, y separadas entre sí.

Para finalizar, pica las almendras reservadas y espolvorea las roquitas con ellas antes de que el chocolate se enfríe del todo. Después, déjalas en la nevera en torno a dos o tres horas y sirve.

INGREDIENTES

- 150 g de chocolate negro
- 60 g de cereales tipo 'corn flakes'
- 20 g de almendras cortadas en bastoncitos
- 1 cucharada de cacao amargo en polvo
- Unas hojas de menta

Tiempo: 20 minutos + reposo
Raciones: 4
Dificultad: Baja

El truco

Las roquitas también te quedarán deliciosas si sustituyes los cereales tipo 'corn flakes' por arroz inflado, y las almendras, por otros frutos secos como avellanas o nueces.